Histoire illustrée

de la ville et du canton

de SAINT GERVAIS d'Auvergne

PAR

A. Tardieu et A. Madebène

1892

HISTOIRE ILLUSTRÉE

DE LA VILLE ET DU CANTON DE

SAINT-GERVAIS D'AUVERGNE

(PUY-DE-DOME)

SUIVIE D'UN DICTIONNAIRE HISTORIQUE ET ARCHÉOLOGIQUE
DES COMMUNES, PAROISSES, ÉGLISES
CHAPELLES, PRIEURÉS, COMMANDERIES, CHATEAUX, FIEFS, ETC.
COMPRIS DANS CE CANTON

PAR

AMBROISE TARDIEU
Historiographe de l'Auvergne
Membre de l'Institut archéologique d'Allemagne
de l'Académie royale de Madrid
des Académies de Clermont-Ferrand, Marseille, Toulouse
Rouen, Nancy, Hippone
Officier et Chevalier de divers ordres

ET

AUGUSTIN MADEBÈNE
Publiciste, Médaille d'honneur

L'OUVRAGE SE TROUVE CHEZ LES AUTEURS
MM. A. TARDIEU, à Herment (Puy-de-Dôme)
A. MADEBÈNE, à St-Gervais-d'Auvergne (P.-de-D.)

1892

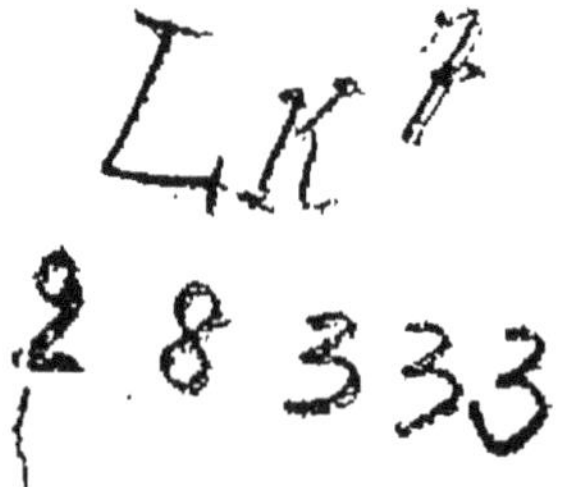

ARMOIRIES
de la ville de Saint-Gervais

'avant-propos de ce volume sera court. Ce petit livre, publié sous une forme modeste mais rempli de faits, est le résultat de longues recherches dans les archives publiques et privées, les bibliothèques de Paris et des départements. Il est écrit pour faire aimer, aux enfants de ce pittoresque pays de Stain-Gervais, ce sol qui les a vus naître, petit coin de terre de notre belle France. C'est le *Livre d'Or* de cette région de notre Auvergne, et tous ces noms, dignes de mémoire, apprendront aux descendants, les traditions de l'honneur et du travail. Puissent ces pages être lues avec plaisir et profit ! C'est le vœu le plus cher des deux auteurs de la publication !

Situation géographique et administrative. — Le canton de Saint-Gervais (on dit *Saint-Gervais-d'Au-*

vergne), appartient à la région Nord-Ouest de l'arrondissement de Riom (Puy-de-Dôme). Il s'étend du N. E. au S. O., sur une surface très irrégulière et accidentée, ravinée au S. E. par la Sioule, qui le limite, et au centre, du Nord au Sud, par le Chalamont, ruisseau qui descend des environs de Gouttières, passe à l'Est de Saint-Priest-des-Champs et se jette dans la Sioule un peu au Sud de Besserve. Sa plus grande longueur, du N. E. au S. O., c'est-à-dire de Châtelut (commune d'Ayat) à l'étang de Chancelade, est d'environ 27 kilomètres. Sa plus grande largeur du Nord au Sud, c'est-à-dire du Reverdel (commune de Gouttières) à Chez-Dousset (commune de Saint-Priest-des-Champs) d'environ 20 kilomètres. Son pourtour est d'environ 90 kilomètres.

Aspect du pays. — Le pays de Saint-Gervais mérite d'être visité par les artistes et les touristes. On le trouvera tantôt d'un aspect sauvage, tantôt recouvert de bruyères, de bois, de coteaux, de ruisseaux, de rochers, de quelques étangs, notamment de celui de Chancelade, qui est le plus beau de la contrée et en grand renom, Près de Saint-Priest, la jolie cascade du gours Saliens, formée par le Chalamont. Le cours de la Sioule longe le canton de Saint-Gervais, d'Ayat à Sauret-Besserve. Le site est très pittoresque. La Sioule traverse la vallée de Châteauneuf pour aboutir en face du Paradis-de-Queuille à la commune de Sauret-Besserve, au lieu dit de Chambonnet, où il existe une passerelle sur la rivière.

Longitude ; Latitude ; Altitude. — Le canton de Saint-Gervais est compris entre 0'16' et 0'35' de longitude orientale. Saint-Gervais est à 0'29'; Saint-Priest à 0'25'40"; Biollet à 0'20'50"; Charensat à 0'38'. La latitude septentrionale est comprise entre 45°55'30" et 46°6'. L'altitude de Saint-Gervais, chef-lieu de canton, est : altitude Est 729, altitude Ouest 705 (carte de l'Etat-major).

Hydrographie ; Etangs. — Tout le canton appartient au bassin de la Loire, par la Sioule, où se jettent le Chalamont et les ruisseaux ou ruisselets secondaires. Le Chalamont prend sa source au N. E. de Gouttières, laisse à droite Saint-Priest, coule dans des gorges profondes et se précipite dans la Sioule au-dessous de Besserve, après 12 kilomètres de cours sinueux. Quant à la Sioule, elle descend vers Ebreuil, où elle se jette dans l'Allier, affluent de la Loire. Elle baigne, dans le canton de Saint-Gervais, les côtes de Besserve et Chambonnet, traverse Chateauneuf-les-Bains, reprend le canton de Saint-Gervais, près Brenan (commune d'Ayat), et passe alors dans le canton de Menat, près de Lisseuil. Des côtes de Besserve à Brenan, la Sioule était la limite naturelle de l'ancien comté de Saint-Gervais. La plupart des nombreux étangs d'autrefois ont été desséchés et convertis en prairies. Citons le vaste et célèbre étang de Chancelade (127 hectares), qui existe encore, et ceux-ci également conservés : l'étang de Malmont (route de

Pionsat à Saint-Gervais), l'étang des Ouches (route de Biollet à Châteauneuf), l'étang du Cheix (commune de Biollet) dans un site ravissant. Les étangs desséchés sont ceux de Philippe, de Guille, du Colombier, provenant de la terre de la Villatelle ; l'étang Grand (route de Saint-Priest à Biollet), l'étang de Courteix, celui de Barthomivat (commune de Sauret-Besserve).

Géologie ; Mines. — Tout le canton repose sur le terrain granitique sans trace de terrain volcanique, sauf les exceptions suivantes : Il est traversé du Nord au Sud par le grand bassin houiller du plateau central, qui continue le bassin de Saint-Eloi et se dirige vers Pontaumur. Ce bassin, qui a un avenir réel, passe entre Gouttières et Regheat et se poursuit entre la Jonchère et la Peize. Là, le grès houiller est exploité comme pierre de taille. Un peu au Sud de la Peize, on a entrepris diverses fouilles sans résultat. De ce point, le bassin, qui ne dépasse jamais un kilomètre de large, file par Sous-le-Bois vers Tours en se rétrécissant. Ça et là, émargent des blocs de quartz, des cailloux épars, des effleurements de porphyre ou micachiste, mais sans profondeur et sans étendue. Vers Saint-Julien, un granit à gros grains.

Eaux minérales. — A Buffevent (2 kilomètres S. O. de Saint-Priest), plusieurs sources exploitées (malades du pays). Dégagements carboniques. Tempérarature : 12° à 12° 1/2. Au Prade de Boulard (1 kilomètre 500 Est Sud de Biollet) source acidulée non exploitée.

Climat. — Tempéré ; moins dur que celui du canton Est; moins doux que celui du canton Ouest. Le pommier, le poirier, le prunier, le cerisier y prospèrent ; les pêches y mûrissent mal. On a essayé la vigne ; le raisin ne mûrit qu'à peine.

Agriculture ; Sylviculture. — Labourage à l'araire traîné par des vaches. On a essayé la charrue, qui remue un sol profond, mais qui épuise une terre légère. Culture du seigle, de l'orge, de l'avoine, du sarrasin, de la pomme de terre, de la rave, du froment, du chanvre (dans les *Ouches* ou terres de choix). Elevage des vaches, des brebis, du porc, des chevaux par exception (race d'Auvergne). Pas de forêts importantes ; mais on rencontre le chêne, le hêtre, le bouleau, le houx, le genevrier. Plantations de sapins depuis 15 à 20 ans, dans les côtes escarpées, les landes incultes ; elles y réussissent à merveille. Citons ces bois : ceux de Biollet, de Saint-Julien, de Chambricon (commune de Sainte-Christine), le bois de Fourche (communes de Saint-Priest et de Gouttières). Progrès de l'agriculture : Ils seraient bien plus grands avec un chemin de fer qui porterait la chaux, les engrais chimiques. Concours tenu, en 1885, par le *Comice agricole de l'arrondissement de Riom*, qui fait progresser le canton pour l'élevage du bétail et les constructions rurales. La création, à Saint-Gervais, d'un dépôt d'étalons du Gouvernement et l'initiative d'un éleveur distingué, M. Revon-Baron (à la Villatelle), ont donné des chevaux à l'armée qu'ont secondé avec intelligence MM. Berthin, Batisse, propriétaires, dont les produits sont primés à tous les concours.

Chasse.— Lièvres, perdrix, cailles, merles, grives, etc.

Pêche. — Brochets, carpes, tanches, truites, écrevisses, anguilles, etc.

Commerce ; Industrie. — Pas d'usines ; les ouvriers de Biollet, de Charensat, d'Espinasse sont maçons et vont travailler au loin. Ils partent en mars et rentrent à la Toussaint, à Noël. Les laborieux rapportent 6 a 700 francs. Commerce de bétail : vaches, brebis. Les foires sont suivies ; les plus en renom sont celles de Biollet (9 octobre, Saint-Denis ; 29 novembre, Saint-André) et de Saint-Gervais. Commerce de seigle, d'avoine, de beurre, de fromages. Il y a 25 à 30 ans, on faisait des toiles de ménage ; cette industrie a cessé à cause de l'introduction des toiles étrangères.

Chemin de fer. — Projet d'un chemin de fer : 1° de Saint-Eloy à Vauriat, par Gouttières, etc., et 2° de Gouttières à Eygurande, par Biollet, Charensat.

Caractère ; Costume ; Langage. — Il n'y a pas un demi-siècle, l'éducation était fort en retard dans les campagnes ; mais l'émigration et l'instruction l'ont beaucoup développée. Les gens de notre pays sont, en général, très polis et très hospitaliers, spécialement à

DANSE DE LA MONTAGNARDE

au temps jadis, il y a 60 ans, avec les costumes des paysans et paysannes de l'époque.

l'égard des étrangers. Les enfants, aussi bien ceux des écoles laïques que ceux des écoles congréganistes, sont bien élevés. Sous des apparences parfois un peu rudes, les paysans sont naturellement bons et très serviables, autant que courageux et indépendants, comme doivent l'être les descendants des fiers Arvernes, leurs ancêtres.

Les derniers vieillards de 1830 a 1835, portaient encore la culotte courte avec guêtres serrées par des jarretières de couleur voyante, veste longue, chapeau à claque ou à larges bords le dimanche, et bonnet phrygien dans la semaine. Aujourd'hui, la blouse domine. Les femmes ont encore la coiffe antique sur le chignon retroussé ; sur la coiffe, le chapeau de paille, le tablier à bavette, le capuchon de drap bleu, etc. Bientôt, c'en sera fait du costume de nos pères et mères. A la ville, on parle français ; à la campagne, un patois qui ressemble à celui du Limousin. Les querelles de jeunes gens, dites querelles de clocher à clocher, ont à peu près disparu (celles entre conscrits du même âge).

Danses. — La gracieuse *bourrée*, la bonne *montagnarde* sont dansées rarement et remplacées par les danses modernes, aux sons de la chèvre ou musette et de la vielle.

Vieux usages. — Lorsqu'un veuf ou une veuve convolaient à de secondes noces, on organisait un *charivari* à l'aide de casserolles. Lorsqu'une jeune fille avait refusé un jeune homme et réciproquement, d'habiles farceurs, façonnaient, à l'aube du jour, des fantômes en paille devant la demeure des conjoints (en perspective), le jour du mariage de l'un ou de l'autre.

Sorciers ; Les Marques. — Jadis, on croyait beaucoup aux sorciers; on y croit encore, mais peu dans ce canton. Cependant, certains *rebouteurs* passent pour avoir de grands talents pour les fractures. Toutefois, les histoires de revenants s'en vont ; mais quelques légendes se transmettent de père en fils. Le chanoine Pierre Audigier, qui a écrit son *Histoire d'Auvergne* (1), au commencement du XVIIIe siècle, raconte que la ville de Saint-Gervais « a produit une ancienne race de devins du nom de *Marques* », qui n'a fini que de son temps. On prétendait, ajoute ce savant, que le dernier s'est précipité dans un étang. Les Marques étaient consultés de toute l'Auvergne « et on disait d'eux des choses assez particulières ». Cette famille célèbre n'existait cependant plus en 1663 ; car P. Duval, géographe ordinaire du roi, qui publia à Paris, cette année, un volume in-12, intitulé : *Description de la France*, s'exprime ainsi (page 152) : « Saint-Gervais a eu une race de devins nommés *les Marques*, dont le dernier s'est précipité dans un étang ». C'est en vain que nous avons recherché à Saint-Gervais une tradition actuelle sur cette famille. Par une ordonnance de 1682, le roi Louis XIV fit défendre de condamner les *magiciens*, *sorciers*, comme tels. Cela leur porta un coup réel en limitant la puissance infernale.

(1) Tome V, page 107 *bis*. Cet ouvrage se trouve à la *Bibliothèque Nationale*, à Paris, Fonds Français n° 11.479.

HISTOIRE GÉNÉRALE

DEPUIS LES TEMPS LES PLUS RECULÉS JUSQU'A NOS JOURS

Temps préhistoriques. — La région de St-Gervais était habitée, par les Gaulois, bien longtemps avant Jésus-Christ. Ils vivaient pauvrement dans des huttes grossières. C'étaient pourtant des guerriers habiles. Leurs prêtres s'appelaient *druides*. Ils élevaient des *dolmens*, autels en pierre sur lesquels, dit-on, se faisaient des sacrifices. On croit que ces pierres sont aussi des tombeaux de chefs gaulois, ce qui est plus probable. On a trouvé dans la commune d'Ayat divers spécimens de haches de l'époque de la pierre polie. Aux Abouranges (commune de Saint-Gervais), près de Teilhet, découverte de haches polies en fébralite (matière rare en Auvergne et analogue aux pierres du même genre trouvées à Corent) ; en outre, des polissoirs en jaspe jaune. 5 pièces de cette origine figurent dans le musée préhistorique de Châteauneuf (à M. Eugène Tallon).

Ici, se place, aux derniers temps de la période de l'occupation du pays par les Gaulois Arvernes, une découverte archéologique importante faite dans le voisinage du canton de Saint-Gervais. En effet, en 1852, on trouva, dans le canton voisin de Pionsat, au lieu dit de Plamont, un trésor en or, *dit trésor de Pionsat*, par les érudits, composé d'un grand nombre de statères gaulois, précieux à divers titres. Le catalogue du cabinet des médailles, de la Bibliothèque Nationale, à Paris, donne l'indication de 21 pièces de ces monnaies conservées par lui. Nous y trouvons, sous le titre d'*Arvernes indépen-*

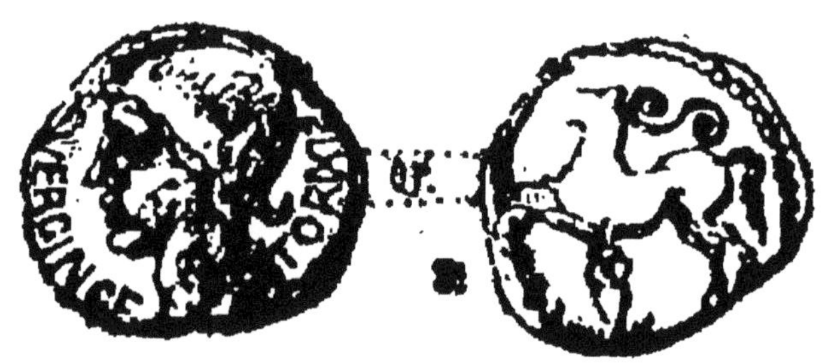

STATÈRE EN OR DE VERCINGÉTORIX
(Trouvé à Plamont, non loin de Saint-Gervais)

dants, des pièces précieuses, représentant (voir n°s 3712 à 3779 de ce catalogue) des têtes nues à *g.*, au revers, un cheval, et ornées, soit d'une aigle éployée, d'un fleuron, d'une tête de taureau, d'une lyre, d'une amphore de fleurs à 4 pétales, d'une cigogne dévorant un serpent. d'un croissant, etc. Ces pièces pèsent, chacune, environ 7 grammes et demi. Les plus intéressantes sont le n° 3774 de ce catalogue : tête imberbe, nue, à *g.* portant le nom VERCINGETORIX ; et le n° 3775, tête imberbe, casquée. L'exemplaire de la remarquable collection de M. A. Changarnier (un érudit en numismatique) porte le nom en entier VERCINGETORIXI 2 (au génitif, le mot *moneta* étant sous-entendu (1).

Ces statères ont dû être cachés au moment de la conquête de la Gaule par César, dont nous allons parler.

Epoque gallo-romaine. — César arrive et fait la conquête de la Gaule (49 ans avant Jésus-Christ). Notre illustre héros arverne Vercingétorix est vaincu. Les Romains couvrent le sol de magnifiques constructions diverses : villas, bains, stations militaires, etc. Le canton de Saint-Gervais était alors traversé par une belle voie romaine, créée sans doute dès les premiers siècles de l'ère chrétienne. Cette voie partait d'Augusto-Nemetum (Clermont-Ferrand). Elle était connue et naguère suivie sous le nom de *route de Clermont à Evaux*. Elle entrait dans le canton de Saint-Gervais et dans la commune de Biollet, au S. E. de Termes, au lieu dit la Croix-des-Quatre-Curés (point de jonction de quatre paroisses). Elle se reconnaît aisément dans le chemin spacieux des Rades de Termes, passe à Biollet, continue par les Brandes jusqu'à Charonnet, monte à Rochedagoux, se reconnaît encore très bien dans le large chemin de

(1) Voir *Quelques monnaies des Arvernes et autres peuplades, statères de Vercingétorix*, par A. Changarnier, Beaune, Dévis 1884 (pl. II, n° 14). Cet érudit possède 2 statères trouvés à Plamont.

Rochedagoux à Saint-Maurice et passe le Cher à Château-sur-Cher, pour filer sur Evaux. On voit sur la voie romaine, toujours au S. E. de Termes, dans un champ de J. Arnaud, une sorte de terrassements dits *les Fossés*, dirigés du S. au N., provenant de mains d'hommes, à une époque fort ancienne. On en retrouve autant vers Grolière, au point où la voie romaine sort par Charonnet. Vers 1843, M. Mathieu, archéologue et professeur au lycée de Clermont-Ferrand, étudia les lieux et y reconnut d'anciens postes militaires. De quelle époque ? De la guerre des Gaules, sous César, ou de la guerre de Cent Ans, sous les Anglais ? Nous avons nommé la Croix-des-Quatre-Curés. Là, en 1876, une croix en pierre, remplaçant une croix en bois, a été bénite solennellement par M. Rigodon, curé, chanoine de la cathédrale de Clermont-Ferrand.

Un habitant de Sainte-Linge, village non loin de Saint-Gervais, trouva, de notre temps, des vases de diverses formes, et notamment une urne en verre, qu'il rejeta et brisa sur des pierres voisines. Il existe, dans cette localité, des trous provenant peut-être d'un temple païen. C'est là que furent découverts ces vases, qui datent de l'époque gallo-romaine. Ce témoignage émane de M. Gauvain, propriétaire, conseiller municipal de Châteauneuf.

Introduction du christianisme. — On attribue l'introduction du christianisme, en Auvergne, au milieu du IIIe siècle, à saint Austremoine. Cependant, on croit aussi qu'il fut porté dans notre province, au premier siècle, par saint Martial, lorsqu'il se rendit à Limoges, pour y semer également la foi chrétienne. Martial passa sur la voie romaine, de Clermont à Limoges, dans la commune de Voingt, canton de Pontaumur, au Sud du canton de Saint-Gervais ; car il s'arrêta à Ahun (Creuse), qui fait suite à cette voie; de là il fut à Toulx-sainte-Croix. Il se pourrait peut-être que Martial se rendit à Toulx-Ste-Croix, en partant de Clermont et suivant la voie romaine d'Evaux, qui passait par les Ancizes, le Pont-du-Bouchet, Biollet, Rochedagoux, etc. Alors saint Martial aurait évangélisé nos parages.

Passage de saint Martin. — Vers 389, saint Martin se rendit en Auvergne. Son historien (Le Coy de la Marche, p. 298) le fait partir de Châteaumeillant (Cher). En ce cas, le saint put prendre la voie romaine de Montluçon, Montaigut, Menat, Artonne (car il s'arrêta à Artonne) .Par Montaigut et Menat, il passerait dans nos contrées, comme aussi il a pu venir par Evaux, Biollet, etc. Ainsi s'expliquerait le *Pas de saint Martin* (1) vers le Pont-du-Bouchet, Chez-Saby, et aussi comment saint Martin est le patron de Château-sur-Cher, Charensat, Espinasse.

(1) Là, on voit dans un ravin, sur une roche, l'empreinte d'un sabot de cheval, de mulet ou d'âne, la monture du saint.

Ères franque et barbare. — On sait peu de chose de cette époque. On a lieu de croire que les Sarrazins (Arabes), qui étaient musulmans et qui ravagèrent l'Auvergne, en 732, massacrant les populations, portèrent leur haine dans le canton de Saint-Gervais. Ils venaient, comme on sait, de l'Espagne.

Ère féodale. — Voici la fin du Xe siècle et le roi de France Hugues Capet. Nous sommes à la grande époque féodale des seigneurs et des châteaux-forts. Les monticules se couvrent de tours et de donjons ; la noblesse habite les moindres hauteurs de la région. Elle a la charge de défendre, à main armée, le pays et donne le territoire à des tenanciers ou paysans, à condition de lui payer la dîme. C'était le seul impôt du temps. Aujourd'hui, on paie un fort impôt à l'Etat. A cette époque, on le payait au seigneur et il était, peut-être, moins élevé. Certes, nous sommes de ceux qui se disent les fils de 1789, mais constatons ; soyons justes et impartiaux.

Nous arrivons à la fin du XIe siècle. Nous trouvons le pays qui nous occupe couvert d'églises paroissiales, et quelques monastères sont déjà en possession de territoires dans la contrée. La foi est vive. Les mahométans sont à Jérusalem, détenant le tombeau de Jésus-Christ. Le pape Urbain II vient à Clermont. Pierre l'Hermite y arrive et y prêche la première croisade (1095). Toute l'Auvergne s'était donné rendez-vous dans la capitale de la province. La prédication de la première croisade eut pour résultat de faire partir une foule de seigneurs pour l'Orient. Les uns vendirent leurs terres à ce moment; d'autres empruntèrent. La noblesse du pays de Saint-Gervais partit très nombreuse. Beaucoup périrent dans cette expédition loitaine ; quelques-uns revinrent. Cette croisade fut suivie d'autres, et c'est surtout au XIIIe siècle, que la noblesse des environs de Saint-Gervais accompagna saint Louis à Tunis. Les documents de cette époque en font foi. Nous verrons, à la fin de ce volume (aux localités du canton), des noms féodaux qui se rendirent aux croisades.

En 1182, des bandes d'aventuriers appelés *Cottereaux*, se rendirent en Aquitaine, à la solde des Anglais, et ravagèrent le pays. D'autres bandes du même genre, appelées *Barbançons*, reparurent en 1186, arrivées par suite des désordres survenus entre Richard, Henri et Geoffroy, fils d'Henri V, roi d'Angleterre.

1196. Robert, dauphin d'Auvergne, et Guy II, comte d'Auvergne, son cousin (celui-ci seigneur de Saint-Gervais), se trouvant engagés dans la guerre que leur fit le roi Philippe-Auguste, furent battus par ce monarque, qui leur prit diverses terres. Philippe rendit le territoire conquis en 1199. Mais, pour leur malheur, les deux cousins se liguèrent de nouveau contre Robert d'Auvergne, évêque de Clermont (frère de Guy II qui précède). Le roi fut obligé d'envoyer une nouvelle armée contre Guy et Robert (1209). Elle s'empara de presque toutes les places fortes de ces deux puissants feudataires, et Saint-Gervais fut compris dans les villes prises. Cette guerre dura jusqu'en 1213. Elle avait pour chef, du côté du roi, Guy de Dampierre, seigneur de Bourbon. Les terres prises par les ordres de Philippe-Auguste formèrent alors un patrimoine spécial, appelé *Terre d'Auvergne (Terra Arverniæ)*, qui passa à Louis VIII, roi de France, à son fils, le prince Alphonse, comte de Poitiers, puis au neveu de celui-ci, le roi Philippe-le-Hardi, en 1270. Le prince Alphonse se fit rendre, en 1260, la foi-hommage de tous les vassaux de sa terre d'Auvergne. La liste de tous ceux qui y figurent a été publiée par M. Augustin Chassaing, dans le volume *Spicilegium Brivatense*. Une foule de seigneurs du pays de Saint-Gervais y paraissent, et c'est un document utile pour l'état féodal ou les familles nobles de ce temps reculé. Il est certain que la plupart des seigneurs dénommés dans cette liste se rendirent aux croisades de saint Louis (1248, 1254, 1270). D'autre part, on trouve dans le même volume, le compte de deux baillis d'Auvergne, Jean de Trie (1293) et Gérard de Paray (1299), où bien des choses concernant la ville de Saint-Gervais sont indiquées.

Le XIIIe siècle est, dans l'histoire de nos localités, l'époque la plus brillante du Moyen-Age, celle où l'on constate le plus de prospérité et de bien-être. Des rois habiles dans l'art de gouverner, placent alors la France à la tête des Etats de l'Europe, et le commerce et l'industrie accomplissent de nouveaux progrès. On vit quantité de bourgeois dans nos petites villes closes, notamment à Saint-Gervais. Ces bourgeois possédaient des fiefs et beaucoup sont l'origine de familles nobles ; car il devint d'usage que trois générations de fiefs conféraient la noblesse. C'est encore dans le *Spicilegium Brivatense* qu'on relève la liste de ces bourgeois, qui tous paraissent vers 1260, savoir : Martin de Vallelas ou Vazelhas, bourgeois de Saint-Gervais, propriétaire de terres nobles dans le village du puy de Samors, le mas de Samdes, la terre de Chalvanhon, les villages du Prat, du Teilh, celui de Bossoy, la moitié du moulin du Breuil *(de Brolio)*, le village du Moulin (*de Molis*), paroisse de Saint-Gervais (1) ; *P. Chavanos*, bourgeois de Saint-Gervais, qui possédait le mas de Voluel, la terre de la Terrade, le village du Prat, paroisse de Saint-Gervais (2) ; P. Petit, bourgeois de Saint-Gervais, possédant fief paroisse de Saint-Gervais et paroisses de Saint-Angel, de Besserve et d'Espinasse (3) ; Petit de Reneyres, bourgeois de Saint-Gervais, qui possédait le village de la Besse, ceux de la Vilate de Corbaryn, de Chalamont, paroisse de Saint-Gervais et de Goutières, et des propriétés paroisse de Saint-Priest (4) ; Etienne Raoul, bourgeois de Saint-Gervais qui était feudataire paroisses

(1) *Spicilegium Brivatense*, p. 69.
(2) *Spicilegium Brivatense*, p. 67.
(3) *Spicilegium Brivatense*, p. 66.
(4) *Spicilegium Brivatense*, p. 66.

de Sainte-Christine et de Saint-Gervais (1). Ce grand nombre de bourgeois, à Saint-Gervais, prouve que ce lieu était alors important, clos de murs, percé de portes, entouré d'un bon fossé, et que la ville avait alors reçu des franchises municipales au moyen d'une charte de commune. Plus tard, en effet, nous la verrons qualifiée « ville et franchise de Saint-Gervais. »

Le XIIIe siècle est donc l'époque florissante de Saint-Gervais. Cette époque fut celle des tournois. Or, nous savons qu'en 1297, non loin de Saint-Gervais, à Montaigut-en-Combraille, il se donna des fêtes de ce genre (1).

1260 à 1266. Au temps que le prince Alphonse, frère de Saint-Louis, était apanagé de la *Terre d'Auvergne* (*Terra Arverniæ)*, dont dépendait Saint-Gervais, il envoya, dans tous ses domaines et dans un esprit de justice, des inquisiteurs (*inquisitores*) chargés de réparer les torts que ses agents avaient pu faire. Pour l'Auvergne, c'étaient deux frères mineurs et un clerc : frères Hugues d'Etampes, Odon de Paris et Eustache de Mesi. Ceux-ci vinrent à Saint-Gervais et y firent accomplir diverses restitutions (Voir *Archives Nationales*, à Paris, J. 190).

1287. Pendant que l'ascension de la bourgeoisie se manifeste, au XIIIe siècle, celle du clergé prend un

(1) *Dictionnaire historique du Puy-de-Dôme*, par A. Tardieu. (Voir le mot Montaigut-en-Combraille.

grand essor. A ce moment-là, Saint-Gervais avait son prieuré de bénédictins, dépendant de l'abbaye de Massay; aussi fut-il visité, le 24 septembre, en 1287, dans une tournée pastorale, par Simon de Beaulieu, archevêque de Bourges, qui venait de Menat, Bellaigue, Marcillat, Montaigut, Pionsat (1). Ce prélat était accompagné d'un personnel nombreux que devaient nourrir les églises et monastères visités, ce qui était fort onéreux. Le savant Baluze a fait connaître cette tournée dans sa publication dite *Miscellanea* (Mélanges, tome IV).

En 1290, beaucoup de localités, en Auvergne, avaient des colonies de Juifs. L'une d'elles résidait, dès 1289, à Montaigut-en-Combraille et faisait du commerce avec Saint-Gervais; mais, comme on le sait, les Juifs de cette époque étaient astreints à une taxe particulière ou droit de résidence. C'étaient les seigneurs qui les autorisaient à habiter sur leurs terres. Ces malheureux, détestés, persécutés, étaient l'objet de nombreuses humiliations. Lorsqu'ils passaient sur un pont ayant droit de péage, ils devaient payer autant qu'une bête de somme. Comme ce droit était onéreux, il y en avait qui faisaient de grands détours pour l'éviter. L'un de nous (Ambroise Tardieu) a publié, dans un journal de l'Auvergne (*La Dépêche*, n° 254, 1891), l'historique des Juifs en

(1) De Saint-Gervais, il se rendit à Montfermy, Saint-Priest-des-Champs, Rochedagoux, Dontreix, Saint-Bar, Crocq. (Voir J. Mabillon, *Vetera Analecta*, sive collectio, 1723, in-folio).

Auvergne, chapitre peu connu de notre histoire provinciale et fort intéressant.

Au XIIIe siècle, on constate les nombreuses possessions des chevaliers de Saint-Jean de Jérusalem (plus tard de Malte), dans notre région. Dès 1253, ils avaient le domaine de la Peize, près de Saint-Gervais, qui était une succursale de leur commanderie de Tortebesse (près d'Herment). Ce domaine leur a appartenu jusqu'en 1789, ainsi que le pays des alentours. (Voyez la *Peize*, au *Dictionnaire*). L'abbaye des Bernardines de l'Eclache, de l'ordre de Cîteaux, avait également, à cette époque, des biens dans le canton de Saint-Gervais, ainsi que le chapitre collégial de Chamalières. (Voyez *La Roche*, au *Dictionnaire final* ; et *Biollet*, *Dictionnaire final*) ; celui-ci, en 1232 ; celle-là, en 1297. Le chapitre de Chamalières conserva des immeubles importants au bourg de Biollet jusqu'en 1789 et perçut la dîme vers Termes et sur le sud de la paroisse. De 1770 à 1788, il affermait ces droits 1.200 livres par an. Le curé de Biollet recevait 300 livres (le quart), pour sa *portion congrue*.

Au moyen-âge, il y avait des *fiefs* de dévotion. Ainsi tels seigneurs se reconnaissaient vassaux d'un évêque, d'une abbaye, d'un chapitre collégial même. Aussi, aux XIIIe et XIVe siècles, nous trouvons, parmi les foi-hommages rendus aux évêques de Clermont, celles d'un grand nombre de seigneurs du pays de Saint-Gervais. Ces actes féodaux figurent aux archives départementales du Puy-de-Dôme, dans des registres spéciaux et font connaître la situation seigneuriale de la contrée [voir *Fonds de l'Evêché* de Clermont) et *Histoire de Clermont-Ferrand*, par A. Tardieu, t. II, p. 334-337.

Guerre de cent ans (1346-1452). — La terrible guerre de cent ans, entre la France et l'Angleterre, eut pour origine les prétentions d'Edouard III, petit-fils de Philippe-le-Bel, par sa mère, qui prétendit avoir plus de droits au royaume de France que Philippe VI. Désastreuse fut cette époque pour le pays de Saint-Gervais ! L'armée anglaise se fit seconder par des *routiers*, vrais brigands qui mettaient tout à feu et à sang. Personne n'osait plus s'aventurer dans la campagne. Les foires furent suspendues. La misère devint générale. La famine et la *peste noire*, si cruelle, se mirent à décimer les populations. Au mois d'août 1354, les hommes d'armes chargés de garder les frontières occidentales de l'Auvergne résidaient à Herment, ville importante alors, fortifiée, placée sur une hauteur, dominée par une forteresse majestueuse (élevée en 1140) et pour ainsi dire la capitale des montagnes d'Auvergne, à cette époque. Herment appartenait, à cette date, au frère du pape Clément VI (Guillaume Roger de Beaufort). On aperçoit, de Saint-Gervais, cette ville déchue, à l'horizon méridional, sur un mamelon. Amblard de Chaslus, seigneur du Puy-Saint-Gulmier, commandait les hommes d'armes d'Herment ; ceux-ci étendaient leur protection jusqu'aux portes de Saint-Gervais, y faisant des courses salu-

ÉDOUARD D'ANGLETERRE, PRINCE DE GALLES
dit le *Prince Noir*, qui a ravagé le pays de Saint-Gervais, en 1356.
(D'après une gravure de 1581.)

taires. Mais nous voici à une date funeste de notre histoire. Edouard, prince de Galles, dit le *Prince Noir* (1), intrépide fils d'Edouard III, roi d'Angleterre, débarque en Guyenne, traverse le Limousin et bat l'armée française à Poitiers (1356), défaite sanglante où le roi Jean fut fait prisonnier. Aussitôt après ce désastre, les troupes anglaises envahirent le pays de Combraille, et, de là, la région de Saint-Gervais. Une ordonnance du 19 juillet 1357, du roi de France, enjoignit au bailli royal de l'Auvergne de visiter les forteresses, de les réparer, d'y mettre des vivres et de l'artillerie aux dépens des seigneurs. Ce fut peine inutile. Les Anglais occupèrent bientôt, presque toutes les villes et bourgs de la région. Sermur (canton d'Auzances, Creuse), forteresse réputée imprenable, était en leur pouvoir (1357).

15 avril 1358. Traité important fait à Herment par les Etats provinciaux d'Auvergne au nom de leurs délégués, représentant le roi de France et ceux d'Arnaud de Lebret (d'Albret), seigneur de Cubzac, représentant le roi d'Angleterre au sujet de la reddition du château de Sermur, que les Anglais remirent moyennant 3.000 pièces d'or, dites *moutons*, parce qu'elles portaient un agneau. Ce traité assura la tranquillité dans ce pays.

(1) Edouard, prince de Galles, fils d'Edouard III, roi d'Angleterre, né en 1330, mort en 1376. Il fut surnommé le *Prince Noir*, à cause de la couleur de ses armoiries. En 1370, il fit le célèbre sac de Limoges.

JEAN LE MEINGRE, DIT BOUCICAUT

Célèbre maréchal de France († 1421). A chassé définitivement les Anglais de l'Auvergne (1392). Il les a surveillés à Herment et à Saint-Gervais, à l'horizon (1393)
(Portrait pris sur une gravure du XVIe siècle.)

Mais, d'après l'*Inventaire des Archives municipales de Riom* (publié en ce moment par M. F. Boyer), les Anglais revinrent dans le pays. Herment et Merinchal (Creuse) étaient en leurs mains, en 1362.

1359. Robert Knowles, chef anglais, envoyé par Edouard III, vient en vue de Clermont ; mais, repoussé par la noblesse du pays, il prend le chemin de Limoges, passant dans la région occidentale de l'Auvergne, vers Pontaumur, et épouvante, par sa présence, le pays de Saint-Gervais.

1367. Le roi Charles V prescrit de réparer les forteresses d'Auvergne qui ont souffert des Anglais.

1392. La fin de la lutte avec les Anglais se dessine vers cette année, en Auvergne. Le célèbre *Boucicaut* (1), maréchal de France, vint à Clermont avec une armée et, du 1er juin au 1er août 1393, campa avec ses troupes à Herment, pour y surveiller les Anglais, qui menaçaient les frontières du côté du Limousin ; car, par le traité de Brétigny, en 1360, l'Auvergne était limitée par le Chavanon, rivière qui sépare aujourd'hui le département du Puy-de-Dôme de celui de la Corrèze. Boucicaut termina la lutte si meurtrière ; et, après 1393, on n'entendit plus parler des invasions anglaises dans le

(1) *Jean Le Meingre*, dit *Boucicaut*, illustre maréchal de France, né à Tours, en 1365, mort en 1421, l'un des grands hommes de guerre du XIVe siècle. Ses *Mémoires*, publiés, ont probablement été écrits sous ses yeux.

pays de Saint-Gervais ; du moins, si on en parla longtemps, on ne vit plus le drapeau de nos ennemis. Nous ne quitterons pas le XIVe siècle sans faire remarquer qu'il est de tradition que plusieurs familles anglaises se sont fixées dans nos montagnes d'Auvergne pendant la guerre de cent ans. On dit que, dans ce cas, sont les familles Bottes (de Saint-Gervais), et Hom (de Saint-Georges-de-Mons).

1440. Année de la *Praguerie*, nom donné à un soulèvement de l'aristocratie contre le roi Charles VII ; mécontente de l'établissement récent de l'armée permanente, elle mit à sa tête le duc de Bourbon, suzerain de la terre de Saint-Gervais, le duc d'Alençon, Dunois, Chabannes, et entraîna, depuis, le Dauphin (plus tard, Louis XI). Une soumission humiliante s'ensuivit en faveur de Charles VII. Saint-Gervais embrassa, comme nombre de villes qui dépendaient du duc révolté, la cause de ce dernier. A cette époque (juin 1440), le roi Charles VII, qui venait de Guéret, passa à Auzances et, de là, à Pierrebrune et à Montaigut-en-Combraille. Il traversa donc le canton de Saint-Gervais. 800 hommes d'armes et 2.000 hommes de trait l'accompagnaient. Jean Chartier, témoin oculaire, raconte ce fait dans ses *Mémoires*. (Voir Berry, *Histoire de Charles VII*, et la *Chronique de saint Martial*, de Limoges, p. 239).

C'est vers 1455, après l'expulsion complète des Anglais (ils le furent en 1453, par la reddition de la Guyenne), que la population de Saint-Gervais, effrayée des ravages faits par ces ennemis, transforma l'église de ce lieu en forteresse. Ce fait n'est pas isolé. Nos archives provinciales constatent que beaucoup d'édifices, servant au culte, furent fortifiés à cette époque.

1465. Pendant la ligue du Bien public, Herment, ville placée à l'horizon méridional de Saint-Gervais, était devenue le rendez-vous des princes révoltés. Jacques d'Armagnac, duc de Nemours, comte de la Marche, Jean V, comte d'Armagnac, son cousin germain, vinrent donc (juin 1465) avec 5 à 6.000 hommes, sous les murs de cette ville, et furent rejoints par Jean de Bourbon et Pierre, son frère ainé, ainsi qu'Antoine de Chabannes, comte de Daumartin. Le roi Louis XI accourut contre eux avec 12 à 14.000 hommes, et arriva à Riom, où s'étaient renfermés les ducs de Bourbon, revenus d'Herment. Un traité de paix fut signé, avec le roi, à Aigueperse, dès le 30 juin 1465. Les princes gagnèrent Herment et congédièrent leur armée. De là, ils traversèrent la ville de Saint-Gervais, pour se rendre à Montaigut-en-Combraille, ainsi que le portait le traité (2).

1523. Dans la nuit du 8 au 9 septembre, le célèbre connétable Charles III, duc de Bourbon, fugitif de Chantelle et suzerain de la terre de Saint-Gervais, poursuivi

(1) Voir : *Une Campagne de Louis XI ; La Ligue du Bien public, en Bourbonnais* (mars-juillet 1165), par Chazaud, archiviste de l'Allier, in-8°, Moulins, 1872.

CHARLES III, DUC DE BOURBON (†. 1527)

Célèbre connétable de France, Suzerain de la terre de Saint-Gervais. Fugitif de Chantelle (Allier), il passa près de Saint-Gervais, en 1523, se rendant à Herment.

par les émissaires du roi François Ier, passa sur les limites orientales du canton de Saint-Gervais. Il dut longer la Sioule, vers Châteauneuf et, de là, il arriva à Herment, où il coucha. Ce fut le commencement de sa triste défection, qui amena la funeste bataille de Pavie et la prise du roi François Ier (1525).

Guerres de religion. — On appelle de ce nom, les guerres civiles à mains armées entre les catholiques et les protestants, au XVIe siècle. Elles durèrent plus de trente ans (1562-1594). Les *Huguenots* ou *Religionnaires*, dits aussi *Réformés*, beaucoup moins nombreux que les catholiques, qui ne les ménageaient guère, firent une guerre féroce. Peu de grands combats, mais de petites batailles. Les moindres bourgades étaient, alors, entourées de murs, de tours, et furent prises et reprises. Des bandes d'aventuriers pillaient le pays, pendaient les prisonniers, massacraient les populations, incendiaient les villages. Le tocsin sonnait pour avertir de l'arrivée des Huguenots. Henri Ier de la Tour d'Auvergne, vicomte de Turenne, maréchal de France, baron de Crocq, se donna aux protestants par horreur de la Saint-Barthélemy (1572), et devint le chef du Protestantisme dans la partie occidentale de la Marche et de l'Auvergne. Il rallia à sa cause bien des seigneurs du pays. Il y en eut de la région de Saint-Gervais. La tranquillité publique fut profondément troublée. Tel seigneur était catholique ; tel autre huguenot. Le seigneur de Saint-Gervais,

HENRI Ier DE LA TOUR D'AUVERGNE, VICOMTE DE TURENNE, BARON DE CROCQ

Maréchal de France, chef des Protestants qui ravagèrent le pays de Saint-Gervais, pendant les guerres religieuses

Jacques de Rochefort, resta profondément attaché au catholicisme ; cela amena les protestants dans sa terre, à diverses reprises. Pierre de Rochefort, seigneur de Saint-Gervais, son fils, qui servait comme capitaine de 100 hommes d'armes sous le duc de Montpensier (dont nous donnons le portrait) fut aussi très attaché à la religion de ses pères.

La Ligue (1587-1594). — Après la Saint-Barthélemy, il se forma un parti qui consentit à accorder la tolérance aux protestants qui se soumettaient au roi Henri III. Celui-ci le favorisa. Les catholiques, exaltés, qui ne pouvaient entendre parler des hérétiques, fondèrent la *Sainte Ligue,* qui avait pour but de donner le trône à Henri de Guise et de renverser Henri III ; car celui-ci n'avait pas d'enfants, et la couronne devait revenir à Henri de Navarre, chef des protestants. Mais Henri de Guise fut assassiné. Les ligueurs se déclarèrent aussitôt contre le roi. Le territoire de Saint-Gervais se ressentit de ces divisions néfastes. Pierre de Rochefort, seigneur de Saint-Gervais, resta royaliste dévoué ; mais notre région vit, souvent, à tour de rôle, les ligueurs et les royalistes. Le 27 ou 28 août 1590, le marquis de Canillac, l'un des grands ligueurs du temps, qui avait essayé inutilement de prendre le château féodal de Pontgibaud, se vengea en incendiant la forêt de Roches et le lieu voisin du Montel-de-Gelat. C'étaient les propriétés du seigneur de Pontgibaud (un La Fayette). Ses troupes

CH.-EMM. DE SAVOIE, DUC DE NEMOURS
Chef de la Ligue en Auvergne (1590-1592). d'après un portrait de la galerie de Versailles.

portèrent aussi le fer et la flamme dans une partie du canton de Saint-Gervais. Les ligueurs de l'Auvergne avaient, alors, pour chef (1591), Emmanuel de Savoie, duc de Nemours (dont nous donnons le portrait). Les troupes de ce grand seigneur se répandirent et maltraitèrent fort le pays. De leur côté, les royalistes avaient pour chef Charles de Valois, comte d'Auvergne, nommé gouverneur de la province (1592) par le roi. C'était aussi un vaillant gentilhomme, qui s'était couvert de lauriers aux journées d'Arques et d'Ivry. (Nous donnons son portrait). Après la victoire du roi de Navarre à Coutras, plusieurs de ses capitaines portèrent les armes dans la région de Saint-Gervais et secondèrent les religionnaires des environs de Crocq, qui avaient pris Herment, où ils avaient fait prisonniers plusieurs chanoines, brisé les cloches de la belle église de la ville et pillé cette dernière entièrement (octobre 1588). Aussi, en 1589 (novembre), Henri III fit-il placer à Herment 60 soldats et 40 à Crocq, à cause des relations de ces villes avec les protestants du Limousin et de la Marche. A ce moment-là, Saint-Gervais faisait bonne garde, tenait ses portes de ville, fermées avec soin, et dut à cette vigilance, de ne pas tomber entre les mains de ses ennemis.

1601. C'est à la naissance du roi Louis XIII (1601) et aux ordres donnés par le grand ministre Sully, que l'on doit la plantation de presque tous ces gros et vieux tilleuls (l'admiration des étrangers), appelés *Sully,* que

CHARLES DE VALOIS

comte et gouverneur d'Auvergne
chef des royalistes pendant la ligue (1590-1592).

(D'après un portrait contemporain).

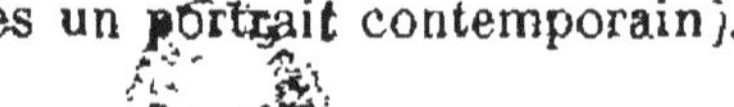

l'on rencontre encore en Auvergne. Il en fut planté, autour de l'église de Saint-Gervais, une rangée notable, placée sur une terrasse. Ces vénérables arbres de nos pères existent encore. Une tradition dit qu'un Barthomivat, probablement celui qui, en 1613, était lieutenant général du baillage de Saint-Gervais (Antoine Barthomivat) présida à cette fête. Saluons ces nobles débris du temps, en passant. Ils rappellent ce bon roi Henri IV, qui voulait que *tout le monde mît la poule au pot*, roi populaire, aimant le peuple, s'il en fut !

En la même année, 1601, les archives municipales de Riom (inventaire imprimé), constatent qu'il y avait, près de Saint-Gervais, « une grande troupe de voleurs », et la ville de Riom prenait des mesures pour qu'elle ne pénétrât pas dans ses murs. *(Archives municipales de Riom).*

Le XVIIe siècle eut son temps de calme et de grandeur. C'est celui de Louis XIV, qui rendit la France respectée dans le monde entier. C'est sous ce roi que la plupart de nos petites villes, n'ayant plus besoin de leurs remparts, commencèrent à ne plus les entretenir. Ceux de Saint-Gervais existaient encore entiers. En 1616, le seigneur de Saint-Gervais, Charles d'Augennes, marquis de Maintenon, profitant du calme général, fit bâtir le château de sa résidence dans cette ville. C'est actuellement le couvent des religieuses de l'ordre de Cluny. Nous en reparlerons.

1653. Le roi Louis XIV dégreva la ville de Saint-Gervais de 1.500 livres de taille.

1698. La ville de Saint-Gervais fit enregistrer, à l'*Armorial général de France* (Généralité de Moulins), son blason municipal, *un gironné et diapré de huit pièces d'or et de gueules*. Ce droit d'enregistrement, qui coûtait 50 livres, somme assez élevée pour le temps, a empêché bien des petites villes d'expédier leurs armoiries à d'Hozier, l'illustre juge d'armes, directeurde l'*Armorial*. Il y en a, cependant, un certain nombre de l'Auvergne qui ont eu le bon soin de sacrifier les 50 livres et qui figurent dans ce vrai livre d'or de nos armes municipales. L'*Armorial général*, qui est resté manuscrit, forme une suite considérable de volumes (in-folios) à la Bibliothèque Nationale, à Paris.

1710. Grande épidémie dans la paroisse de Saint-Gervais. En avril seul, on compta 27 inhumations. L'année 1709, il y eut, en Auvergne, une mortalité considérable. On sait, de plus, que l'hiver de 1709 fut très rigoureux et que tous les noyers de la Limagne d'Auvergne périrent.

20 mars 1710. Mort, à Saint-Gervais, de Françoise de Chanonat, épouse de Gabriel Peyrony, greffier au baillage de Gouttières, à l'âge de 110 ans.

1729 et 1737. L'illustre évêque de Clermont, *J.-B. Massillon*, visita les paroisses de notre région. On sait combien ce prélat a laissé un souvenir impérissable par son éloquence et sa charité. Il passa à Ayat, Saint-Gervais, Gouttières, Saint-Priest, Biollet, etc., etc.

1789. Grande date, d'où partent nos institutions modernes et nos réformes. Donnons rapidement quelques décrets de l'Assemblée Nationale : Abolition des droits féodaux, des privilèges, des justices seigneuriales (4 août 1789) ; suppression des dîmes ecclésiastiques (12 août 1789) ; suppression des titres de noblesse, des armoiries (19 juin 1789). Tous les biens du Clergé sont adjugés au profit de la Nation (2 novembre 1789) ; les ordres religieux sont supprimés (13 février 1790) ; suppression des titres nobiliaires (30 juin 1789) ; les biens des émigrés sont confisqués et vendus (2 septembre 1792).

Les *armoiries* ont été l'objet de décrets sévères, de 1790 à 1794. Cette rigueur a eu pour résultat fâcheux de priver l'archéologue de renseignements historiques utiles aux annales de nos localités. Le ciseau du forgeron eut ordre de mutiler, briser, gratter tous les écus armoriés de nos monuments, de nos portes, de nos fontaines, etc. Examinons ; car ces décrets intéressants sont peu connus aujourd'hui : L'Assemblée Nationale décrète (20 juin 1790), que personne ne pourra avoir des armoiries. En vertu de ce décret, la même année, les municipalités arrêtèrent l'enlèvement des armoiries, tant sur les portes extérieures des maisons et hôtels des divers particuliers, que dans l'intérieur des maisons. Décret de la Convention nationale, du 1er août 1793, qui ordonne la confiscation, sous huitaine, au profit de la Nation, des maisons et autres édifices portant des armoiries. 14 septembre 1793 ; la convention décrète que les officiers municipaux des communes feront exécuter le décret du 4 juillet, sur la suppression des armoiries dans les églises et tous les autres monuments publics. 3 mars 1794 ; instructions envoyées aux municipalités par le Comité de Salut public, pour l'exécution des décrets ordonnant d'enlever, des édifices, publics et particuliers, les signes de la royauté et de la féodalité.

1812. Guerres du premier Empire. 149 conscrits du canton de Saint-Gervais partent pour la défense de la Patrie ; 43 seulement reviennent dans leurs foyers. Honneur à la Patrie !

1870-1871. Les jeunes mobiles du canton de Saint-Gervais, sous le nom de *Lapins bleus*, se distinguent dans les campagnes de la Loire et de l'Est, sous les ordres du capitaine Bielawski, au 32me de marche. (Voir l'ouvrage de Bielawski, ancien capitaine, chevalier de la Légion d'honneur, publié en 1872). Les mobiles de Saint-Gervais conservent le meilleur souvenir de leur ancien capitaine.

SAINT-GERVAIS

Saint-Gervais, chef-lieu de canton du département du Puy-de-Dôme, est une petite ville qui n'est pas la plus centrale, mais la plus considérable de ce canton. Avant 1789, cette ville dépendait de l'intendance de Moulins. Dès le XIIIe siècle, cette localité portait le titre de ville, qu'elle a conservé à travers toute l'époque féodale. Cette gratification lui était donnée parce qu'elle avait reçu des franchises municipales. Aussi disait-on : « *ville et franchise de Saint-Gervais* ». L'historien Audigier (*Histoire d'Auvergne*, t. V, p. 107), fait erreur en disant que ce mot de *franchise* lui était attribué parce qu'elle avait servi de franchise « dans le temps qu'on tolérait, en France, les guerres entre les particuliers ». Ce que l'on appelait *la franchise*, à Saint-Gervais, était un territoire bien délimité, autour de la ville, et ne payant aucune redevance seigneuriale.

Population. — Dans le compte de Berthon Sannadre, receveur d'Auvergne pour le duc de Berry, en 1401, fixant la répartition d'un fouage (impôt établi par les 3 Etats de la province), on voit que Saint-Gervais fut imposé à 5 feux ou 60 écus. Or, Cébazat, Vertaizon, Malintrat (Puy-de-Dôme), furent également compris pour 5 feux, ce qui indique une population identique. Herment ne fut taxé qu'à 3 feux; Pontgibaud à 2 feux; Charensat à 3 feux; Saint-Priest-des-Champs à 3 feux; Gouttières à 2 feux; Saint-Julien-la-Geneste à 1 feu; Besserve à 1 feu; Biollet à 2 feux; Ayat à 2 feux; Bourg-Lastic à 1 feu. Toutes ces localités sont dans le Puy-de-Dôme, et l'on voit, en comparant ces chiffres, que Saint-Gervais devait, certainement, posséder une population assez élevée sous le règne du roi Charles VI. Il y avait 110 feux et 400 habitants en 1697. Aujourd'hui, cette ville compte 1.362 habitants.

Altitude. — Elle est, à l'Est de la ville, de 729; à l'Ouest, de 705 (carte de L'Etat-major)

Etymologie. — D'après un mémoire manuscrit de la Généralité de Moulins, en 1697 (à la Bibliothèque Nationale), Saint-Gervais portait, à l'origine, le nom de *Mongolt*. D'où lui venait-il? Comme Saint-Gervais domine l'horizon, on peut croire que ce serait *mons* (montagne), *Golterii* (de Goltier?); peut-être, *mons Gallorum* (montagne des Gaulois?). Le nom de Saint-Gervais remplaça la dénomination primitive de *Mongolt* quand la paroisse eut été créée et l'église bâtie sous le vocable de saint Gervais et de saint Protais; ce qui est arrivé, en Auvergne et en France, pour une foule de villes, bourgs ou villages. Cette transformation a dû avoir lieu au xe siècle, peut-être.

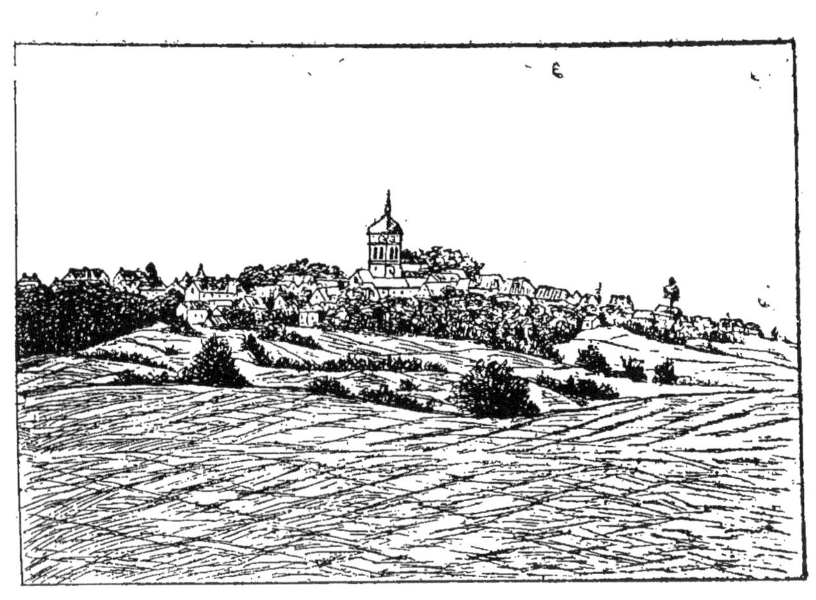

VUE DE SAINT-GERVAIS
(Côté du sud)

TOPOGRAPHIE DE LA VILLE

Saint-Gervais était fortifié d'un bon mur, et celui-ci était précédé de fossés. On entrait dans la ville par plusieurs portes ; l'une d'elles, située du côté de l'Est, s'appelait *porte Raymon*. Les fossés furent comblés à la fin du XVIIe siècle ; les portes démolies comme gênantes.

C'est sous le règne de Louis XIV que la plupart des villes commencèrent à abandonner ou démolir leurs murailles. La ville de Saint-Gervais, habitée, jadis, par une bourgeoisie nombreuse, offrait le spectacle de maisons avec pignons sur rue, tourelle pour l'escalier, et blason de la famille sur la tourelle. Il reste quelques-unes de ces vieilles habitations ; elles sont, en général, du XVe siècle. On y a trouvé des armes du Moyen-âge, notamment des masses d'armes.

Nous devons placer, ici, un mot des hôtelleries anciennes. Jadis, chaque hôtellerie avait son enseigne héraldique. En 1712, Michel Chardonnet, tenait, à Saint-Gervais, l'hôtellerie du *Cheval blanc*. En 1716, la meilleure maison de Saint-Gervais était *« le logis du Lion d'or »*. Il y mourut, cette année, Guillaume de Villars, seigneur du Puy du Prat, âgé de 75 ans. Un autre logis de ce genre était tenu, en 1718, par Jean

Champflour (d'une famille estimable de Clermont). Anciennement, il n'y avait pas autant de cabarets que maintenant. *Hostelier* était un titre et l'est encore (dans les bons hôtels seulement).

Hôpital. — Saint-Gervais avait un hôpital (*Domus Dei*), en 1299. En effet, le compte de Jean de Trie, bailli d'Auvergne, en parle à cette date. En 1880, fondation, à Saint-Gervais, d'un hôpital admirablement dirigé par les sœurs de Loubeyrat (qui ont aussi la direction de ceux de Châteauneuf et de Saint-Priest-des-Champs).

Léproserie. — On sait que la lèpre, qui fut rapportée par le retour des chevaliers croisés, au XIIe siècle, nécessita la fondation de *ladreries* ou *léproseries*. Sous le règne de Louis VIII, en 1225, on comptait 2.000 léproseries, en France. Ces petits établissements étaient toujours situés près et hors de la ville. Le compte de Jean de Trie, bailli d'Auvergne, en 1293, parle de la léproserie de Saint-Gervais (*leprosaria Sancti Gervasii*). La lèpre disparut à la fin du XVIe siècle et les bâtiments qui servaient à cette affreuse maladie devinrent, forcément, sans usage.

Postes. — Dés le début, les lettres étaient portées, à Clermont, par des commissionnaires; ce qui était long et coûteux. Puis, le service se fit par Menat. Un facteur faisait, chaque jour, ce trajet à pied, par tous les temps, moyennant une légère rétribution. Actuellement, ce service est on ne peut mieux organisé par la correspondance de Saint-Eloy. Le service télégraphique a été installé en 1882.

Maréchaussée ; Gendarmerie. — Dès le règne de Louis XIV, Saint-Gervais avait une brigade de maréchaussée, remplacée, au XIXe siècle, par une brigade de gendarmerie à cheval.

Le grenier à sel. — Saint-Gervais a possédé, jusqu'en 1790, à la suppression des anciennes juridictions, un grenier à sel pour cette ville et Menat. Il comprenait un président, un lieutenant, un grainetier, un greffier, un sergent. Il jugeait, en première instance, toutes les contraventions concernant l'impôt du sel. Le chef-lieu du grenier à sel de Saint-Gervais était à Villefranche (commune de Biollet), autrement dit *la Vialle*. Les employés chargés spécialement de défendre la contrebande du sel s'appelaient *gabellous* et résidaient à Espinasse. Quant à Villefranche, son nom lui venait de ce qu'il était exempt du droit de gabelles. C'était Termes qui était le lieu voisin de la limite de la franchise de la gabelle. La nuit venue, les faux sauniers de la Villefranche, défiant les gabellous et la peine de mort, venaient, au-delà de Termes (la limite), *chanter le sel* par un cri ou chant connu des pratiques ; de là, le nom du lieu *Chantessel*. (C'est la tradition locale). Les gabellous, de leur côté, avaient le cri spécial de *ou ! iou !* pour se reconnaître. Les contrebandiers répondaient : *au loup ! gabellou ! ou !* et comme ces cris, répercutés par les échos et favorisés par la nuit, étaient à peu près les mêmes, gabellous et contrebandiers se confondaient. Plusieurs faux sauniers furent tués de de cette façon. D'autre part, quand les gabellous prenaient, en flagrant délit, un contrebandier, ils le poursuivaient et le tuaient. Voici, en effet, ce qu'on lit dans les registres de l'état-civil de Saint-Gervais.

« Aujourd'hui, vingtième mai 1721, a été inhumé, dans le cymetière de cette paroisse (Saint-Gervais), par moy curé soussigné, Nicolas Guillot, originaire de la paroisse d'Isle, en Berry, accusé de faussaunage, homicidé par le nommé *Dupré*, capitaine à Espinasse et en présence de *Pierre Dufal*, *Gervais Espinasse*, *Pierre Brun* et *Jean Favi*, qui n'ont su signer. Signé : *Beneyton*, curé. » Autre acte de décès d'un contrebandier : « Aujourd'hui, trentième janvier 1729, a été inhumé dans cette paroisse (Saint-Gervais), par ordonnance des juges des dépôts de Saint-Gervais. le nommé *Piène*, homicidé du jour d'hier par la brigade d'Espinasse, accusé de faussaunage, en présence de *Gilbert Grenat*, clerc, et de *Bravy Pradelle*. Signé : *Boulon*, curé. »

Il résulte de ce qui précède, que la brigade des gabelles résidait à Espinasse, et cela se comprend, puisque c'était la limite du pays rédimé des gabelles. L'Auvergne était un pays rédimé ou racheté, tandis que le Bourbonnais et le Berry payaient le sel fort cher ; de là, la contrebande. Quant à Saint-Gervais, son grenier à sel lui permettait d'avoir un dépôt et d'envoyer chercher le sel où bon lui semblait. Seulement, il lui était défendu d'en verser dans les pays non rédimés ou de gabelles.

On trouve : Gervais et Mathurin Beneyton, fils de Grégoire, employés à la brigade, 1685 ; Pierre Beneyton, garde de la brigade ; Annet Charvilhat, lieutenant de ladite brigade, 1701 ; François Farghen, garde des Gabelles, à Espinasse, 1709 ; Louis Flamant, dit Pierrefort, employé, 1708 ; Marien Beneyton, 1711 ; Gilbert Sellier, employé, 1717 ; Desmorels, capitaine de la brigade, 1714 ; Jean Barse, employé, 1714.

Quant au grenier à sel de Saint-Gervais, il avait pour contrôleur, en 1546, Jean Barthomivat et, en 1630, Chapelle ; en 1785, Louis Tailhardat. En 1680, il était composé de Nouhen, président, Thuel, Martin, Dumazet et Dupré, juges. Ce dernier (*Dupré*) devint capitaine de la brigade des gabelles d'Espinasse (1711). En 1719, Pierre Faucon s'intitule « conseiller du roi, président dudit grenier pour Saint-Gervais et Menat. » Il fut remplacé par François Boutarel, et celui-ci par Etienne Boutarel, en 1752. Jean-Baptiste Grannet s'intitule capitaine général des gabelles et demeurait à Saint-Gervais, en 1767. En 1705, Pierre Barthomivat, seigneur de Neufville, était procureur du roi du grenier à sel de Saint-Gervais ; Gilbert Salvert remplit ces fonctions en 1714. Antoine Grand était greffier au grenier à sel, en 1723.

Commerce. — Saint-Gervais, au Moyen-âge, était très commerçant et le centre de la région pour les transactions, du XVIe au XVIe siècle. On y vendait beaucoup de pelleterie et de la toile dite de ménage, qu'on exportait à Clermont, aux foires de Mai et de la Saint-Martin. Cette bonne toile a fait place à une fabrication étrangère plus fine, moins solide, au grand détriment des intelligentes ménagères, qui les regrettent. (Voir page 8 pour le commerce du canton). Il y a environ 40 ans, on portait, à Saint-Gervais, le vin à dos de mulets ou de chevaux, dans des *outres*. Les routes manquant, on ne pouvait se servir de voitures.

Foires. — Ces foires remontent fort haut et, probablement, au XIIIe siècle, comme dans beaucoup de localités de l'Auvergne. Elles étaient excellentes jadis. Il en reste quelques-unes où la population des alentours se rend en foule. Les foires de *Novis* (janvier) et de Saint-Jean (juin), de la *loue*, datent du XIIIe siècle. La foire dite de la *loue* se tenait, comme de nos jours, avant et après la fête de Saint-Gervais, et les candidats domestiques suivaient, à travers la ville, la procession de saint Gervais et de saint Protais, tenant à la main, une branche de tilleul. Ils étaient escortés des agents de la maréchaussée à cheval.

Mesure. — Saint-Gervais avait une mesure spéciale pour les grains, comme la plupart des anciennes villes de l'Auvergne. 100 setiers de seigle, mesure de Clermont, pesaient autant que 97 de Saint-Gervais ; par conséquent, la mesure de Saint-Gervais était plus forte.

ÉGLISE

L'église de Saint-Gervais est fort intéressante. Quelques piliers du chœur sont de l'époque romane ; mais l'ensemble du monument indique une tranformation complète au milieu du xve siècle. Nous pensons que cet évènement arriva, vers 1455, après le départ complet des Anglais de la France, à la suite des batailles de l'immortelle Jeanne d'Arc. En effet, les habitants de Saint-Gervais songèrent alors à faire de leur église une véritable forteresse en cas de siège. Le clocher de l'église fut transformé en un donjon carré surmonté de créneaux ; ceux-ci sont, actuellement, coiffés d'une toiture ; mais les belles gargouilles, qui seraient sans usage, indiquent clairement que la plate-forme du donjon ou du clocher était découverte, à l'origine. Dans les combles de cette église curieuse, on voit la vaste salle de refuge qui servait à la population en cas de siège. Elle surmonte la voûte de l'église. A côté du clocher, à l'angle S.-O., tourelle à cul-de-lampe, pour la défense du monument assiégé. Après avoir forcé les portes de l'église, les ennemis escaladaient aussi les fenêtres ; mais les assiégeants n'étaient pas encore maîtres de l'église. On pouvait continuer à se défendre sur les voûtes, dont l'extrados était parfaitement disposé pour cela ; la charpente, étant très élevée et disposée en conséquence, n'interrompait point la circulation. Lorsqu'on construisit l'église de Saint-Gervais en forme de forteresse, on peut dire que la France était dans une paix relative ; mais on avait encore des inquiétudes. Il fallait donc que chaque ville eût un asile ou refuge, à défaut de château-fort ; alors, on songeait, souvent, aux églises. C'était aussi dans l'église de Saint-Gervais que, du reste, les habitants de la paroisse mettaient leurs *arches* (coffres), dans lesquelles ils renfermaient leur blé et leurs hardes en temps de guerre.

Saint Gervais et saint Protais sont les patrons de la paroisse de Saint-Gervais Il faut dire un mot sur ces deux frères bienheureux, dont la fête se célèbre le 19 juin. Ils vivaient au Ier siècle, sous le pontificat de saint Pierre et sous l'empereur Néron. Attasius, général romain, les fit comparaître devant lui pour les obliger à sacrifier aux idoles ; mais ils refusèrent et périrent, l'un frappé de coups de fouets garnis de plomb, l'autre eut la tête tranchée. Saint-Ambroise, au IVe siècle, retrouva leur tombeau et leurs restes et les exposa à la vénération des chrétiens. Bientôt, le culte de saint Gervais et de saint Protais passa les Alpes, et dès le VIe siècle, ils eurent, à Paris, une église sous leur vocable. De là, le culte gagna la province. Nous pensons que ce fut au xe siècle que le lieu de Saint-Gervais vit une église pour la première fois. On la plaça sous le vocable des deux martyrs et l'ancien nom de *Mongolt*, qui était celui de la localité, disparut et fit place à celui de Saint-Gervais, comme on le voit pour d'autres bourgs, qui conservent, à cette époque, le nom de leur patron. On croit qu'il y avait une chapelle, à

ÉGLISE DE SAINT-GERVAIS

Riom, dédiée à saint Gervais, au commencement du ve siècle. Il existe, dans l'église de Saint-Gervais, un tableau représentant saint Gervais et saint Protais, copié sur celui de l'église de Saint-Gervais, à Paris, et offert, en 1836, par M. Romane, curé.

L'église de Saint-Gervais est placée sur une plate-forme et entourée de ces beaux tilleuls, dits Sully, dont nous avons parlé. Il y avait une chapelle dédiée à sainte Catherine, qui, en 1728, servait pour la sépulture des seigneurs de la Vilatelle. On y voyait aussi, en 1733, la chapelle du Rosaire.

Le clocher de cette église était, en 1720, meublé de quatre cloches. Nous lisons dans les registres paroissiaux que, le 11 août 1720, fut bénite la quatrième cloche de Saint-Gervais, appelée *Marie* ; parain, Joseph-Marien du Mayet de la Vilatelle, baron de Gouttières, seigneur de la Vilatelle et de Saint-Julien-la-Geneste ; maraine, Marie-Françoise de Muzy de Clermont-Tonnerre, épouse de Gabriel de Mascon, chevalier, seigneur d'Anglard. Cette cloche avait été fondue par André Boyer et Claude Mazuel. La plus grande cloche, au moment où toute la sonnerie de cette église fut détruite (1793), avait pour parrain Jehan Barthomivat, seigneur de Courtine, et pour marraine Anne Faure, épouse Barthomivat de Neuville, c'est-à dire qu'elle était du xviie siècle. Deux arrêtés du conventionnel Couthon (14 novembre 1793 et 1er mars 1794), ordonnèrent la démolition de tous les clochers du département du Puy-de-Dôme. Une loi de 1791 porte le transfert des cloches au chef-lieu du district.

Cure. — Elle était anciennement à la nomination de l'abbaye des bénédictins de Massay (Cher) ; mais, en 1614, elle fut unie au couvent de la Chartreuse du Pont-Sainte-Marie, avec le prieuré de Chambonnet et le prieuré du Pont-du-Bouchet. L'acte d'union, qui se trouve, actuellement, aux *Archives départementales du Cher* (Fonds de l'abbaye de Massay, tome II des archives de cette abbaye, p. 128-129), porte ceci en substance : « Acte d'union et annexe fait par l'Evêque de Clermont, le 12 novembre 1614, suivant la bulle obtenue du Pape Paul V, par les révérends prieurs religieux du couvent de la chartreuse du Port-Sainte-Marie, en Auvergne, donnée à Riom, en 1614, pour ladite union, comprenant le prieuré de Chambonet avec Saint-Gervais et la chapelle du Pont-du-Bouchet. Toutefois, l'abbaye de Massay se réserva la somme de 6 livres tournois de pension annuelle, payables le jour de la Nativité, et le droit de présentation à la cure de l'église paroissiale dudit Chambonet. » Cette rente de 6 livres passa, au XVIIIe siècle, au Petit Séminaire de Bourges, auquel l'abbaye de Massay fut réunie par l'autorité diocésaine. — En 1828, lors de la démolition du château de Châteauneuf, la principale porte d'entrée a été transportée à Saint-Gervais. Elle forme le porche du presbytère, près de l'église.

Curés de Saint-Gervais. — Barthomivat, 1676 ; François Beneyton, docteur en théologie, 1685-1688 ; Michel Beneyton, bachelier en théologie, 1703-1720 ; Jacques Boulon, 1729-1742 ; Gilbert Charvilhat, bachelier en théologie, 1753 ; David, qui s'intitule vicaire général de Saint-Gervais, 1778 ; Jean-Baptiste Verdier, licencié en droit, curé, 1779 ; Vedrine, 1783 ; Pacalin, 1785-1791 ; Lesme, prêtre assermenté, 1792 ; Chardonnet, « prêtre catholique », 1796-1803 ; Dufal, « prêtre catholique », 1800-1801 ; Nouhen, 1803 ; François Romane, ex-aumônier des armées du prince de Condé, 1803-1845 (1) ; Veysset, 1845-1873 ; Bohet, né à Fonfreyde, 1873-1869 ; Raffard, 1879-1889 ; Bonnefont, 1889, à nos jours

Prêtres communalistes. — L'église de Saint-Gervais avait, fort anciennement, une communauté de prêtres filleuls, c'est-à-dire nés dans la paroisse. Il en est parlé dès 1535, et elle a existé jusqu'en 1789. Voici quelques noms de prêtres communalistes : François Barthomivat, 1631 ; Gervais Servant, 1637 ; Gervais Dulac, 1637 ; Jean Leypeys, 1637 ; Guibert Charvilhat, 1637 ; Jacques Bathiat, 1637-1646 ; Annet Giraud, 1637 ; Pierre de Neuville, 1646 ; Michel Faure, vers 1680 ; François Grand, 1685 ; Blaise Charvilhat, 1685 ; Gabriel Champflour, 1685 ; Annet Perol 1685 ; François Chomette, 1683-1685 ; Guilbert de Quayres, 1683 ; Gervais Bottes, 1683-1685 ; Jacques Bathiat, 1683. En 1672 : Beneyton, Faure, Perol, Raynaud, Thomas, Leypeys, Bathiat, Grand, Gaby. Au XVIIIe : Claude Charvilhat, 1706 ; Gervais Chardonnet, 1708 ; Claude Chardonnet, vicaire de la paroisse, 1706-1709 ; Jean Barthomivat, 1701, mort en 1706 ; François Chomette,

(1) Ce fut le vrai père de tous ses paroissiens. Il employa sa fortune, assez belle, en aumônes de toutes natures, et, par son testament, entretint diverses œuvres de charité. Sa mort fut un deuil pour le pays. Il avait été curé de Tortebesse, près d'Herment de 1781 à 1785.

1707-1711 ; Jacques Boulon, 1718; Jacques Faucon, 1718; Simon Aubignat, 1728, puis Durel, Nouy, Meissonnier, Lelong, Dufal, Laroche, Grand, Deslignières, Nenot, Rouchon, Pradelle, Frenat, Jean Boyer, Amable Durif, Merillon, Saby, Bravy, Allègre, Batisse, 1778; Gervais Batisse, 1779; Chardonnet, 1778; Amable Mombrun, 1787-1791.

Prieuré. — L'église de Saint-Gervais avait aussi un prieuré, dès l'origine. Il devait remonter au XIe siècle, très probablement, et avait été fondé par les bénédictins de l'abbaye de Massay, qui nommaient le prieur. En 1614, ce prieuré fut uni à la chartreuse du Port-Sainte-Marie. On trouve Grenat, prieur, en 1717. Ce prieuré comprenait aussi celui de Chambonnet et leur annexe du Pont-du-Bouchet.

La Maison des Chartreux. — La Chartreuse du Port-Sainte-Marie, près de Pontgibaud (Puy-de-Dôme), fondée en 1219, sur les bords de la Sioule, par deux riches seigneurs du voisinage, Raoul et Guillaume de Beaufort, frères (1), avait, dans le canton de Saint-Gervais, notamment à May, près de Charensat, des pro-

(1) On pensait, et c'était, d'abord, l'avis de bien des écrivains, que cette chartreuse avait été fondée, en 1147, par les mêmes *Raoul* et *Guillaume de Beaufort* : mais quelques érudits avaient affirmé qu'il existait une charte de fondation de 1219. L'un de nous, M. Ambroise Tardieu, a été assez heureux pour retrouver, en 1891, à Châtel-Censoir (Yonne), dans les riches archives de M. René de Montjoye, une copie du XVIIe siècle de cette charte de 1219 ; ce qui fixe un point, obscur jusqu'ici.

priétés qui l'engagèrent à avoir une habitation pour les besoins de sa maison, à Saint-Gervais-d'Auvergne. C'est en 1613 que ce monastère en fit l'acquisition, près de l'église de Saint-Gervais, à l'occident et atteuant à la grande porte d'entrée. Voici le titre d'acquisition :

« A tous ceux, etc... Pardevant Gervais Barthomivat, notaire, juré dudit scel aux contracts de Riom, en la baronnie de Saint-Gervais, a été présent, Gaspard Jeux, marchand, habitant à Saint-Gervais, lequel de son bon gré a vendu aux vénérables religieux, prieur et couvent de la chartreuse du Port Sainte-Marie, présent religieuse personne *P. Anthoine de Bretanges*, procureur dudit couvent, acceptant... C'est assavoir un coustil et chezal de maison (bâtiment en ruines), *situé dans le fort dudit Saint-Gervais et à costé senestre de l'entrée principale de l'église* dudit lieu, du costé de traverse, et se confine jouxte la place et cour de maison de honorable homme *Me Gervais Chamelet*, bailly dudit Saint-Gervais, de jour, autre place et coustil de maison de honorable homme *Anthoine Barthomivat*, bailli de Châteauneuf et lieutenant dudit Saint-Gervais, d'aultre ; le fossé dudit fort, d'aultre part, et la voie commune d'aultre partie, avec ses murailles, pierres, fondements, matériaux, moyennant le prix et somme de 33 livres tournois. Fait à Saint-Gervais, le 12e jour d'avril 1613. »

D'autre part, les chartreux reçurent, en 1614, une donation qui augmenta leur acquisition. Voici l'acte à ce sujet :

« A tous ceux, etc... Pardevant *Gervais Barthomivat*, notaire juré, a esté présent en sa personne, honorable homme *Anthoine Barthomivat*, bailli de Châteauneuf, lieutenant au baillage de Saint-Gervais, y résidant, lequel de son bon gré

CHARTREUSE DU PORT SAINTE-MARIE, EN 1789

et pour les agréables services qu'il a reçus et espère recevoir des vénérables religieux, prieurs et couvent de la chartreuse du Port Saite-Marye... et pour participer aux prières, oraisons et aultres œuvres qui se font jour et nuit dans ledit couvent et monastère, leur a donné, par forme de donation entre vifs, pure, perpétuelle et irrévocable, à ce présent religieuse personne dom *Anthoine de Bretanges*, procureur dudit couvent, recevant et acceptant pour soy et les autres religieux dudit couvent qui, humblement, le remercient, c'est-à-savoir : un coustil, place de maison, avec ses murailles, pierres, matériaux, droit, *situé dans le fort dudit Saint-Gervais, à costé de l'entrée de la principale porte de l'église dudit lieu*, du costé de traverse, qui se confine jouxte le coustil desdits sieurs religieux, donataires, a eux acquis de sieur *Gaspard Jeux*, d'une part, la maison de puissant seigneur *Henry de Beaufort*, baron du Pont-du-Château, à cause de sa femme, d'autre, le fossé dudit fort dudit lieu, d'aultre, la voye commune et puits commun estant audevant ladite esglise, d'autre part. Termoings, honorable homme maistre *Gervais Bottes*, greffier à Saint-Gervais, et *Jacques Delaire*, clerc, y demeurant, le 24e jour de mars 1614. »

Les chartreux firent donc élever un bâtiment, à Saint-Gervais, pour leur servir soit d'habitation, si quelque père y venait pour les affaires du couvent, soit pour le dépôt de leurs dîmes et la résidence d'un homme d'affaires. Cette habitation leur resta jusqu'à la Révolution française qui les déposséda. L'ancienne maison des chartreux est devenue la maison commune (mairie), depuis 1892. Une idée heureuse de la municipalité vient d'en rehausser les murs pour en faire une maison d'école de jeunes filles, ce qui produit meilleur effet qu'on ne s'y attendait, grâce aux plans de l'architecte, M. Dupré, agent-voyer cantonal. Cette maison sert aussi de justice de paix.

Les chartreux faisaient beaucoup de bien autour de leur monastère du Port Sainte-Marie et à Saint-Gervais. Ils s'occupaient de faire travailler les ouvriers et plantèrent les côtes arides qui les entouraient, sur les bords de la Sioule. Dulaure, écrivain anti-clérical, en fait le plus grand éloge (*Description de l'Auvergne*, 1781, in-12). Le dernier chartreux du Port Sainte-Marie, dom Marie, se retira aux Ancizes (Puy-de-Dôme), pendant la Révolution. Il y vécut jusque vers 1840, mourut et chez un charitable aubergiste de ce lieu.

ARMOIRIES DE LA CHARTREUSE DU PORT SAINTE-MARIE

Les armoiries de la chartreuse du Port Sainte-Marie étaient : d'*azur à une Notre-Dame d'or, tenant, sur son bras gauche, l'enfant Jésus, de même, et supportée par une mer d'argent ; en pointe, l'agneau pascal de même.*

Nous donnons une vue de la chartreuse du Port Sainte-Marie, en 1789, d'après une peinture sur toile, qui se trouve au grand couvent de la Chartreuse, près de Grenoble. L'avant-dernier prieur du Port Sainte-Marie, dom Gerle (1), député du Clergé d'Auvergne aux Etats-Généraux de 1789, venait souvent à Saint-Gervais. Un portrait de lui est tout indiqué dans ce livre ; de plus, il a joué un grand rôle sous la Révolution. On sait qu'il prononça, à Saint-Gervais, dans la principale salle de la maison des chartreux, actuellement la *mairie*, un discours en faveur des paysans : « Le paysan, dit-il, c'est l'homme du pays ; c'est celui qui travaille pour le clergé, pour la noblesse, et la terre, qui est notre mère à tous et qui est surtout la sienne. Il l'aime, il la cultive ; il est son fils. Elle est sa mère et cette mère veut l'égalité ; elle pourra l'obtenir et elle l'obtiendra ».

Couvent des religieuses de Cluny. — Des religieuses de la congrégation de Saint-Joseph, de Cluny, fondée par la R. M. Javouhey (morte en 1851) (2), se sont établies, le 12 octobre 1875, à Saint-Gervais, dans l'ancienne maison seigneuriale, qu'elles ont réparé avec haute intelligence pour les besoins scolaires. Elles sont arrivées, d'après les démarches de M. l'abbé Bohet, alors curé de Saint-Gervais. Elles ont un pensionnat, un externat et, enfin, un noviciat pour les sujets de la province d'Auvergne, qui désirent entrer dans cette congrégation. L'installation de ce couvent ne laisse

(1) Dom Christophe Gerle, né à Riom, en 1736, se prononça pour la Révolution, en 1789 ; aussi figure-t-il sur le premier plan du célèbre tableau de David (serment du Jeu de Paume). En 1794, on l'accusa de tramer une conspiration chez la prophétesse Catherine Théos, qui se prétendait la mère de Dieu. C'était un homme d'une intelligence rare. Il est mort dans l'obscurité, à Paris, vers 1805.

(2) Voir la R. M. Javouhey, fondatrice de la congrégation de Saint-Joseph, de Cluny, par Léon Aubineau, Paris, 1887, in-8°.

rien à désirer. Le costume des dames de Cluny est gracieux et sévère, et ces qualités extérieures recèlent des âmes d'élite qui ont su attirer bien des jeunes filles de Saint-Gervais dans cette belle et aristocratique congrégation, qui nous a conservé des chanteuses lesquelles font rêver aux demoiselles de Saint-Cyr, fondées par Mme de Maintenon, dont le nom rappelle ce castel, jadis aux d'Angennes de Maintenon.

DOM GERLE
Prieur de la chartreuse du Port Sainte-Marie, en 1789.

LE COMTÉ

Saint-Gervais était à l'origine, dès le XIIe siècle, le siège d'une terre seigneuriale titrée de *châtellenie*. Plus tard, au XVIIe siècle et dès 1688, nous voyons que cette châtellenie était qualifiée *comté*. Le comté de Saint-Gervais s'étendait dans les paroisses de Saint-Gervais, Saint-Cirgues, Châteauneuf, Sainte-Christine, Besserve et Chambonnet. Le seigneur avait droit d'avoir une cour seigneuriale pour ce territoire. On appelait ainsi l'ensemble des fonctionnaires judiciaires, savoir : le bailli, le lieutenant du bailli, le procureur fiscal, le greffier, le sergent. Le même seigneur possédait la haute, moyenne et basse justice ; il avait droit de vie et de mort. Le gibet était placé non loin de Saint-Gervais, comme c'était d'usage. On l'appelait aussi les fourches patibulaires. Voici les limites du comté de Saint-Gervais, d'après le terrier du seigneur de 1689 (terrier que possède l'un de nous, M. A. Madebène) : D'abord, la rivière de la Sioule, puis le ruisseau de Chalamont, le ruisseau de Riveaux (celui-ci séparait la justice de Saint-Gervais de celle de Courtine et de Saint-Priest-des-Champs) ; un grand chemin tendant de Saint-Priest à Gouttières, une croix de Malte tracée sur une pierre et indiquant la séparation des dîmes de la commanderie de Tortebesse ; une grosse borne au-dessus du moulin de Pierrefort ; la croix de Courtine ; de là, à la Besse jusqu'à l'étang des Coureix, sur la palle dudit étang ; de là, à une borne au chemin de Saint-Gervais aux Abouranges ; à Sainte-Christine ; à Montaligières ; à Barbouly. (Ici on voyait deux bornes séparant la justice de Saint-Gervais de celle de Menat.) D'occident, la croix de la meunière ; on descendait, enfin, de cette voie au ruisseau de Breynaud.

Baillis de Saint-Gervais. — Georges Chamalet, 1613 ; Charles Chamalet (dauphine de Chanonat, sa veuve, 1685) ; Blaise Barthomivat, 1651 ; Amizon, 1680 ; Grégoire Beneyton, bailli de Saint-Gervais, châtelain d'Ayat ; 1685 ; Antoine George, avocat au Parlement, 1723 ; Grégoire Lelong, 1745 ; Mombrun, 1750 ; Pierre Archimbaud, 1766.

Lieutenants du bailli. — Antoine Barthomivat, 1613 ; autre Antoine Barthomivat, 1688 ; Mombrun, 1776.

Procureurs fiscaux. — Antoine Rochette, 1630 ; Pieerr Colombier, 1637 ; François Bathiat, 1688. XVIIIe siècle : Antoine Charvilhat, 1702 ; Alexis Lelong, 1714 ; Faucon, 1750 ; Raynaud, employé aux fermes du roi ; Veysset, 1781.

Greffiers. — Gervais Bottes, 1614 ; François Bathiat, 1626 ; Gervais Durel, 1630 ; Parrin, 1651 ; Archimbaud, 1686 ; mort en 1706 ; Lelong, vers 1710 ; Grégoire Barsse, 1726-1728 ; Etienne Durel, 1745 ; Faucon, 1750 ; Archimbaud De la Garde, 1766.

Sergents royaux. Etienne Aubignat, 1688 ; Annet Sauret, 1713 ; Simon Aubignat, 1717.

Produit du Comté ; devoirs des tenanciers. — L'un de nous (A. Madebène), possède un curieux terrier, de 1689, manuscrit in-folio, où sont tous les droits du comté de Saint-Gervais.

Voici les personnes de Saint-Gervais qui figurent dans le préliminaire du terrier de 1689 et qui forment l'énumération des habitants de la ville, à cette époque : Grégoire Beneyton, bailli, Antoine Barthomivat, lieutenant au baillage ; Grégoire Archimbaud, greffier ; Pierre Amison et Pierre Faucon, notaires royaux ; Michel Amison, praticien et commis-greffier ; Gervais Faure, bourgeois ; Jacques Grand ; Grégoire ; Marcilhat ; Jacques Peyrard ; Michel Bonjon ; Gilbert Matron ; Mombrun, Etienne Aubignat, sergent royal, Blaise Allègre ; Mathieu Goursonnet ; Charles Jobert ; Gervais Cousson, Jean Dufal ; Gervais Lelong, Jean Bottes ; Cirgues Chabanier, Gervais Demeridon ; Gervais Chouvette, Blaise Heyraud ; Annet Mesniat ; Hippolyte Daleyrat ; Pierre Colombier ; Blaise Deslignières ; Pierre Morilhon ; Guygonnet ; Georges Callerier ; Bravy ; Durel ; Jacques Chabrol ; Annet Gravier ; Barthélemy Basset ; Jean Masson ; Gabriel Alligier ; Jean de Neufville ; Gabriel Nenot ; Pierre Chamard, Pierre de la Roche ; Michel Charvilhat ; Jean Dumon du Dupont ; Pierre Pigot ; Gervais Nohen ; Michel Baron ; Estienne Chardonnet ; Gervais Jay ; Gaspard Issert ; Jacques Marsaud ; Barthélemy Combaud ; François Garde ; Jean Rasty ; Claude Favier ; Grégoire Deslignières, F. Viple Signé. *Truchard*, notaire royal ; Antoine Amouroux.

Donnons la nomenclature des droits seigneuriaux divers du comté, d'après le terrier de 1689 : « Appartient audit seigneur le droit de chasse et pêche, dans toute l'étendue de ladite terre et comté de Saint-Gervais, sans qu'aucune personne, de quelque qualité et condition qu'elle soit, puisse chasser ou pescher, hors le consentement dudit seigneur et des siens à l'advenir. — Appartient audit seigneur toutes les amendes, confiscations et épaves qui se trouvent dans l'étendue dudit comté ; et si lesdites épaves ne sont réclamées par les propriétaires d'ycelle, elles seront pour ce qui est des bestiaux suivant le titre des épaves de la coutume d'Auvergne. — *Item*, appartient au seigneur le droit d'instituer ou destituer un capitaine pour commander le fort et la ville dudit Saint-Gervais, en temps de guerre et de paix, avec les droits attribués à ladite capitainerie. — *Item*, appartient à ladite terre et comté, les cens, rentes, en argent, denrées, grains, vin, foin, escuelle de bois, droit de placer. — *Item*, droit de prestation ou retenue sur tous fonds et héritages qui se vendent dans l'étendue du comté. — *Item*, la taille franche de vingt livres pour les habitants et justiciables de la ville et franchise de Saint-Gervais, avec les banalités dans ladite étendue. — *Item*, le droit de guet et guarde sur tous les justiciables de ladite terre, par lequel il se payera audit seigneur, pour chacun tenant feu, la somme de 3 sols et demi, pour ceux qui sont de la franchise de Saint-Gervais, en temps d'éminent péril. — *Item*, droit de laydes de tous bestiaux, denrées et marchandises, à *l'exception de la franchise de Saint-Gervais*, qui paye la somme de vingt livres de taille franche, outre celle de la feste de saint Jean-Baptiste, qui paye deux carolles, outre ladite taille franche.— *Item*, le droit de manade, pour lequel ledit seigneur a droit de prendre une manade de sel, sur toutes les balles de sel qui entrent dans la ville de Saint-Gervais. — *Item*, les portes et passages de la Sioule, dans l'étendue de Saint-Gervais et Châteauneuf, sans qu'aucune personne puisse tenir de bateaux sans l'expresse permission dudit seigneur. — *Item*, passage du pont de Châteauneuf, qui se paye au tarif. — *Item*, les *bains* de la paroisse de Saint-Cirgues et les fontaines d'eaux chaudes dudit lieu, avec les promenoirs, aisances et appartenances qui sont tout autour. — *Item*, la taille aux quatre cas (1° quand le seigneur est fait chevalier; 2° quand il va à Jérusalem; 3° quand il est fait prisonnier; 4° quand il marie ses filles en premières noces), pour lequel droit il est dû les cens doubles la première année et, s'il en marie plusieurs, les cens continuent de doubler les années suivantes, et ceux qui ne devront aucun cens seront taillables à 30 sols par feu et au-dessous, eu égard à leurs misère et nécessités, conformément à la coutume d'Auvergne. — *Item*, les dîmes appelées du Marchadier, qui se lèvent au lieu du Marchadier et aux environs dans les paroisses de Gouttières et de Sainte-Christine. — Sur le curé de Besserve, il est dû 40 setiers de blé seigle, un tiers en avoine pour droit de pacage. — Droits honorifiques dans l'église de Saint-Gervais et dépendances.

La terre et comté de Saint-Gervais, d'après une affiche préparatoire de la vente de ladite terre (en 1781), comprenait ce qui suit : « Cette terre consiste dans la maison seigneuriale située en la ville de Saint-Gervais, servant d'auditoire, de logement de garde, des prisons et logement du geôlier, du grenier au-dessus pour recevoir les grains provenant des directes, domaines et dîmes. — Fontaines d'eaux minérales et bains d'eau chaude; droits honorifiques, droits des 4 cas, de prétation, de justice, de chasse et pêche, estimés valoir 8.000 livres, et dont le produit doit être évalué 240 livres 4 sous. Droits seigneuriaux, savoir : 1° Geole ou loyer de prison produisant 90 livres l'an; 2° Manade sur le sel, affermée 10 livres; 3° taille franche, 20 livres; 4° layde, affermée 24 livres; 5° affranchissement de la banalité, 50 livres; 6° directe (cens, argent, servitude), etc., convertie en argent, produit : 553 livres 6 sous 3 deniers; en froment, 1 setier (mesure de Saint-Gervais), du poids de 240 livres, évalué, en argent : 14 livres, en seigle, 115 setiers, 1 coupe 1/2 qui, évalués à 12 livres, produisent 1.292 livres 15 sous; en avoine, 685 quartes, 4 coupes 1/2, évaluées à 18 sous, produisant 617 livres 8 sous; les lods et ventes, 680 livres (non compris les directes restées en souffrance, produisant 43 livres 2 sous 6 deniers). — *Domaines* : 1° domaine de *Mayet* (bâtiments, 36 stérées de terre labourable, 10 journaux de prés, 4 journaux de pacages, revenu annuel, 500 livres; 2° domaine du *petit Moulin*, bâtiments, 31 stérées de terre labourable, 4 journaux de prés, 6 de pacage, revenu annuel, 300 livres ; 3° domaine de *Courteix*, bâtiments, 31 stérées de terre labourable, 11 journaux de prés, 5 de pacages, revenu annuel, 300 livres; 5 étangs, 1 pêcherie, droit de pêche dans le ruisseau de Chalamont ; 6 prés de réserve produisant 538 livres ; tuilerie louée 27 livres; différentes dîmes produisant 12 setiers et 12 livres en argent, soit 144 livres ; 5 petits bois taillis produisant l'an 100 livres. Total : 6.054 livres 9 sous 3 deniers. Charges à déduire : 2 livres 5 sous. Reste donc : 6.052 livres 4 sous 3 deniers.

Voici, enfin, l'*estimation* qui est faite de tous ces droits :

La maison seigneuriale, droits honorifiques, eaux minérales et promenoirs, 8.000 livres ; devoirs seigneuriaux, 5.880 livres; directe, 68 752 livres, 6 sous, 8 deniers; domaine de *Mayet*, 13.024 livres ; domaine du *Petit-Moulin*, 7.590 livres ; domaine de *Courteix*, 9.970 livres; étangs et pêcheries, 4.880 livres; prés de réserves, 13 900 livres; dîmes, 2.880 livres; tuilerie de *la Chaux*, 540 livres; bois taillis, 5 200 livres. Total : 140.656 livres, 6 sous, 8 deniers. En ôtant les charges, il reste 140.611 livres, 6 sous, 8 deniers (1).

Grenier de Saint-Gervais. — Il est fait mention, en 1299, d'un vaste grenier, placé dans le château féodal et

(1) Cette affiche préparatoire fait partie des archives du château de Tournoëlle, à M. le comte de Chabrol de Tournoëlle.

appelé *le grenier* de Saint-Gervais (*granerium*) (1). Le seigneur avait un *receveur fiscal* pour les grains et recettes diverses. Voici les noms de quelques-uns : En 1726, Desenectère. Au XVIIIe siècle, Lelong, Archimbaud-Lagarde. Le receveur fiscal est, actuellement, M. Maugue

Seigneurs suzerains. — Comme on le sait, la jurisprudence féodale avait des hiérarchies pour les possesseurs de terres nobles ou de fiefs. Venait, d'abord, le *seigneur direct*, celui qui percevait les fruits du sol, les dîmes, rentes, etc., et qui, en général, résidait dans la forteresse du chef-lieu, forteresse lui appartenant. Mais, en dehors de ce dernier, primait le *seigneur dominant*, le *suzerain*, en un mot, auquel la foi-hommage du seigneur direct était due et auquel aussi toutes les contestations importantes étaient soumises, par les tenanciers, au besoin. Il arrivait, quelquefois, que le suzerain saisissait le fief ou bien en suspendait la jouissance, dans une affaire grave. Les suzerains de Saint-Gervais, furent, au XIIIe siècle, après que Saint-Gervais eût été annexé, en suzeraineté, à la *terre d'Auvergne*, par le roi Louis VIII, vers 1225, d'abord, le prince Alphonse, frère du roi saint Louis (1225-1271). Vers 1260, il se fit rendre la foi-hommage par tous ses vassaux de la terre d'Auvergne. Ce document précieux (voir *Spicilegium Brivatense*, par A. Chassaing), donne la liste de tous les seigneurs du pays de Saint-Gervais, à cette époque reculée et de haute féodalité. A la mort du prince Alphonse, la terre d'Auvergne, dont faisait partie le pays de Saint-Gervais, fut réunie à la couronne. En 1360, le roi Jean érigea la terre d'Auvergne en duché, en faveur de son fils le duc de Berry, mort en 1416. Nous donnons le portrait de ce duc, d'après une gravure de la *Monarchie française*, par le savant dom de Montfaucon. Puis vinrent, comme *suzerains* de Saint-

(1) *Spicilegium Brivatense*, p. 251.

Gervais et du pays des alentours, Jean, duc de Bourbon et

DUCS DE BOURBON
(1416-1527)

d'Auvergne (1416-1434); (nous donnons son portrait, également, d'après l'Armorial d'Auvergne, de G. Revel, de 1450 environ); Charles Ier de Bourbon, duc d'Auvergne, fils du précédent (1434), mort en 1456; Jean II, duc de Bourbon et d'Auvergne (1456-1487); Pierre II, duc de Bourbon et d'Auvergne (1487-1503); Suzanne de Bourbon, fille du précédent, mariée, en 1503, au célèbre connétable Charles III, duc de Bourbon, lequel, en 1527, eut tous ses biens confisqués par le roi François Ier, qui, postérieurement, réunit le duché d'Auvergne à la Couronne (1531). De 1531 à 1789, le duché d'Auvergne resta à nos rois, dont les armes, celles de France, sont : *d'azur à trois fleurs de lys d'or, deux et une;* cependant, en 1773, il fut donné en apanage au comte d'Artois, frère du roi Louis XVI, disposition révoquée en 1778.

ROIS DE FRANCE
(1531-1789)

Château féodal.— Il existait une forteresse seigneuriale au centre de la ville de Saint-Gervais (1); mais nous pensons qu'elle fut détruite seulement au commencement du XVIIe siècle, quand *Charles d'Angennes*, mar-

(1) Cette vieille forteresse était très vaste et occupait l'emplacement de l'habitation de Mme veuve Madebène, ses dépendances, les maisons Beaufaucher, Durin, Martin, Tissier, Dissat et Saby.

quis de Maintenon, fit reconstruire (en 1616) un château plus en rapport avec la vie de son temps et qui existe encore. (Nous en reparlerons). Suivant une tradition, cette antique forteresse n'avait été démolie qu'en 1633, par ordre de Richelieu, lorsqu'il fit démanteler tous les châteaux féodaux d'Auvergne. Il est parlé, en ces termes, du vieux château, dans le terrier du comté, en 1689 : « La place où fut le château dudit saint Gervais avec les fossés qui étaient autour de la forteresse dudit château dans l'enceinte de la ville ».

En 1616, ainsi que l'indique une date placée sur la pierre de la cheminée de la cuisine, Charles d'Angennes, marquis de Maintenon, seigneur de Saint-Gervais, fit reconstruire le château de Saint-Gervais, tel qu'il existe aujourd'hui. Ce manoir se compose d'une tour à colimaçon dans laquelle est un fort bel escalier tournant. Sur la rue, il y avait des machicoulis, c'est-à-dire un assomoir au-dessus de la porte d'entrée (on en voit les restes). Ce château resta la propriété des seigneurs de Saint-Gervais et arriva, par vente, aux Beneyton, puis, par alliance, aux Chabrol et, enfin (toujours par alliance), aux Chardonnet. Le dernier possesseur de ce nom fut Gervais Chardonnet, notaire (1829-1843). Les héritiers de celui-ci l'ont vendu aux religieuses de l'ordre de Cluny, qui en ont fait leur couvent, fondé en 1875, et dont nous parlerons. Dans ce château, il y avait, selon l'usage, une salle ou auditoire du baillage, pour la justice, le logement du gardien des prisons, les prisons, un grenier très vaste pour les grains des dîmes, etc.

JEAN DE FRANCE, DUC DE BERRY
Mort en 1416; seigneur suzerain de Saint-Gervais.

Capitaines du château. — Les seigneurs nommaient un capitaine pour garder le château de Saint-Gervais en temps de paix, et le défendre en cas de guerre. On trouve *Léonard des Noyers* « capitaine-commandant la ville et forteresse » de Saint-Gervais, en 1594. *Claude Vandal*, 1704.

Seigneurs directs de Saint-Gervais. — A la fin du XIIe siècle, la terre de Saint-Gervais était possédée par Guy II, comte d'Auvergne, qui, très probablement, la tenait de ses pères depuis plus d'un siècle. Guy II en disposa avant de partir pour la guerre des Albigeois, dans son testament fait au château d'Herment, en 1209. Baluze a publié en deux volumes in-folio, l'*Histoire généalogique* de l'illustre maison des comtes d'Auvergne, qui portaient : *d'or, au gonfanon de gueules, frangé de sinople.* Guy II avait épousé Perronnelle de Chambon, dame du pays de Combraille, dont il eut Guillaume X, comte d'Auvergne, seigneur de Saint-Gervais, qui testa en 1245, marié à Alix de Louvain, dite de Brabant, qui fit entrer dans sa maison le comté de Boulogne, et laissa Robert V, comte d'Auvergne, seigneur de Saint-Gervais, qui testa en 1277, marié à Eléonore de Baffie, dont Robert VI, comte d'Auvergne, seigneur de Saint-Gervais (1277-1314). Celui-ci épousa Beatrix de Montgascon, et affecta les revenus de sa terre de Saint-Gervais aux legs contenus dans son testament (1314).

COMTES D'AUVERGNE

En 1279, Guy de la Tour, évêque de Clermont, céda une partie de la dîme de Saint-Gervais à Guillaume d'Auvergne, archidiacre de Liège.

Nous trouvons, au XIVe siècle, une famille de Saint-Gervais possédant des droits sur cette terre. Guillaume de Saint-Gervais, clerc, était seigneur de Saint-Gervais, en 1302. On trouve ensuite : noble Golphier de Saint-Gervais, seigneur de

CHATEAU DE SAINT-GERVAIS
(Aujourd'hui couvent des religieuses de Cluny)
Bâti en 1616.

Saint-Gervais, qui rendit foi-hommage à l'évêque de Clermont, en 1331, et au dauphin d'Auvergne, en 1347, pour la même terre. Appelé Geoffroy et avec ses frères Jean, damoiseau et Guillaume, ledit Jean, mari de Marguerite, fille de Geoffroy

Orgueyh, chevalier, il rendit foi-hommage pour les cens, rentes féodales qu'il avait dans les paroisses d'Ussel, d'Estroussat et de Villefranche, en Bourbonnais, en 1322-1335 (Voir *Noms féodaux* par dom Betteucourt). Le même, qualifié damoiseau, agissant pour lui et ses neveux, Dalmas et Guiouet, rendit aussi la foi-hommage pour les mêmes droits (v. *Noms féodaux*), vers 1350. Noble Etienne de Saint-Gervais, seigneur de Saint-Gervais, vivait en 1379. Cette famille dut disparaître à la fin du XIVe siècle et fut remplacée, dans la terre de Saint-Gervais, par les *de la Roche*, seigneurs de Tournoelle et de Châteauneuf, dont les armoiries sont : *de gueules, à trois fasces ondées d'argent* et qui ont pour berceau le château de la Roche-Canillac, à 16 kilomètres de Tulle (Corrèze) et qui sont connus dès 994.

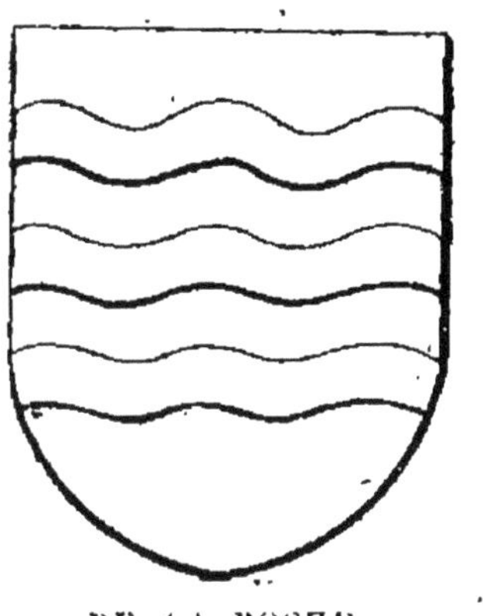
DE LA ROCHE

Nicolas de la Roche, fils de Hugues, seigneur de Tournoelle, de Châteauneuf, grand maréchal de la cour de Rome, gouverneur du comtat Venaissin, capitaine général de la Basse-Auvergne et guerrier intrépide, et de dauphine Roger (celle-ci sœur du pape Grégoire XI), fut seigneur de Saint-Gervais, de Tournoelle, de Miremont, de Châteauneuf, de Cébazat, etc., le 1er août 1403, il donna nommée et dénombrement, au duc de Berry, pour ses « châteaux et châtellenies » de Saint-Gervais, Châteauneuf, Tournoelle, Cébazat, Miremont et le bourg de Volvic. Il épousa, le 7 août 1404, Alix de Chauvigny et fut tué, en 1424, à la bataille de Verneuil. Il laissa Jean, seigneur de Saint-Gervais, Tournoelle, etc., marié à Louise Motier de la Fayette, le 11 juillet 1419. Celui-ci eut deux fils qui firent branche. 1° Antoine, seigneur de Tournoelle, marié à Jeanne de la Vieuville, dont la petite-fille Catherine de la Roche, dame de Tournoelle, épousa, en 1510, Jean d'Albon de Saint-

JEAN Ier, DUC DE BOURBON, SUZERAIN DE St-GERVAIS († 1434)

André, gouverneur du pays de Combraille, du Bourbonnais, du Lyonnais, mort en 1550, (père du célèbre maréchal de France, Jacques d'Albon de Saint-André); le même Antoine qui précède, par une transaction du 3 février 1479, abandonna à son neveu appelé aussi Antoine, la part qui lui revenait dans la châtellenie de Saint-Gervais; 2° Antoine de la Roche qui suit :

Antoine de la Roche, seigneur de Saint-Gervais, Châteauneuf (1460), ne vivait plus en 1472. Il épousa Anne de Tourzel d'Allègre et laissa : François, seigneur de Saint-Gervais, Châteauneuf (1495). Celui-ci acheta la terre d'Espinasse le 20 décembre 1507. Il épousa Catherine de Blanchefort, fille de Jean, gouverneur de Bordeaux, et fut père de 1° François, seigneur de Châteauneuf, Saint-Gervais (pour la moitié), Espinasse (1535), marié à Jeanne de Montmorin ; 2° Françoise, dame de Saint-Gervais, mariée, le 17 juillet 1518, à François de Rochefort, seigneur de Salvert, de Chars et de la Prugne, qui suit :

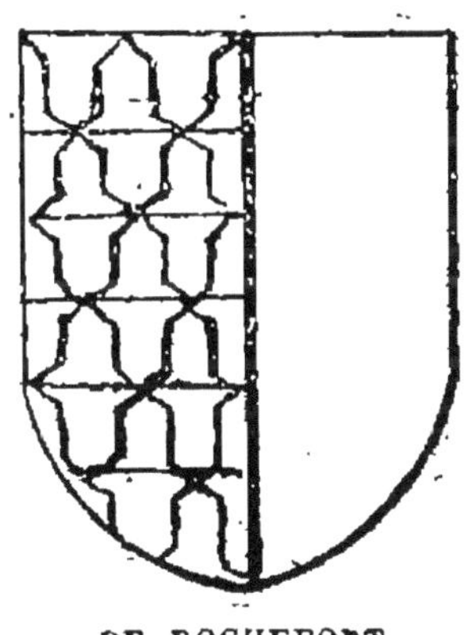

DE ROCHEFORT

François de Rochefort, qui précède, époux de Françoise de la Roche, appartenait à une maison noble du Forez, d'antique race chevaleresque, connue dès 1290 et qui porte pour armoiries : *parti devair et de gueules*, Cette famille a possédé, en Forez, les fiefs de la Valette, de la Fay, de Vilette, de Malleval, de Beauvoir, de Cenas, d'Epercieu, etc. A elle, appartiennent Jacques et Jean de Rochefort, inscrits à l'Armorial d'Auvergne et du Forez, de G. Revel, en 1450 et qui portaient les armes ci-dessus. La devise de cette maison est : *Lilia sustinet virtus*. François de Rochefort devait être fils d'un de Rochefort, marié, vers, 1490, à une demoiselle de Montrognon, héritière des fiefs de Chars, de Salvert,

HENRI DE BOURBON, DUC DE MONTPENSIER († 1608)
(D'après une gravure du temps).

Pierre de Rochefort, seigneur de Saint-Gervais et de Salvert était capitaine de 100 hommes d'armes de sa compagnie, en 1594.

et de la Prugne. L'un de nous (A. Tardieu. *Histoire d'Auzances et de Crocq*) avait d'abord cru que les Rochefort, seigneurs de Chars, Salvert, étaient une branche des Rochefort, seigneurs de Châteauvert; mais les documents qui existent aux manuscrits de la Bibliotèque Nationale (pièces originales) documents scellés du blason *parti de vair et de gueules* et concernant les Rochefort de Salvert ne laissent aucun doute. Pour en revenir à François de Rochefort et à Françoise, de la Roche, ils eurent au moins trois enfants, savoir: 1° Jacques, qui suit; 2° François, seigneur de Chars, lieutenant de 50 cavaliers des ordonnances du roi, sous le maréchal de la Fayette (1556), lieutenant de la compagnie du vicomte de Turenne (1567-1570), chevalier de l'ordre de saint Michel (1570), il fut aussi gouverneur du château d'Usson et, en 1568, écuyer d'écurie du roi et capitaine du guet de la ville de Paris, il avait épousé, avant 1547, Jeanne de Courtenay, de l'illustre maison de ce nom (1). Il eut une fille unique : Françoise, dame de Chars, mariée, le 19 août 1579, à Jean de Monestay, seigneur de Forges, gouverneur de Montluçon, fils d'Octavien, seigneur de Forges et de Jeanne de Mauvoisin ; 3° Françoise, mariée, le 25 mars 1541, à Louis II de la Roche-Aymon, seigneur de Mainsat.

Jacques de Rochefort, chevalier, seigneur de Salvert, de Saint-Gervais, de la Roche-Guillebaud, fut guidon d'une compagnie d'ordonnances des ordres du roi (1547); ensuite lieutenant de 40 lances (1548). Il servait encore comme lieutenant d'une compagnie d'ordonnances sous M. de la Fayette, en 1560 et se qualifie à cette date, chevalier de l'ordre du roi (Saint-Michel). Il eut pour fils : Pierre de Rochefort, qualifié « haut et puissant seigneur», écuyer, seigneur de Saint-Gervais, Salvert, la Roche-Guillebaud, baron de Gouzon, gentilhomme ordinaire de la chambre du roi. Il demeurait au château de

(1) Père Anselme, tome 1, p. 505.

Salvert, en 1591 (1) Il est qualifié, en 1596, capitaine de 100 hommes d'armes sous le duc de Montpensier (2) Il épousa Rose de Liguières, fille d'Antoine, chevalier de l'ordre du roi, capitaine de 50 hommes d'armes de ses ordonnances, gouverneur et lieutenant général pour le roi en la ville de Chartres. et de Françoise de Courtenay; de ce mariage naquit Françoise-Julie, dame de Saint-Gervais, de Salvert, mariée le 28 mars 1607, à Charles d'Angennes, marquis de Maintenon, qui suit. Elle était veuve en 1635 et mourut au château de Saint-Gervais, le 27 octobre 1647. Son cœur fut apporté, le 30 décembre suivant, à Maintenon.

Charles d'Angennes, marquis de Maintenon, baron de Meslay, seigneur de Saint-Gervais, du Parc et de la Moutonnières, chevalier des ordres du roi, appartenait à une noble famille, qui porte: *de sable, au sautoir d'argent*, et dont la filiation (qui se trouve dans le *Père Anselme*) remonte à Robert d'Angennes, seigneur de Rambouillet, en 1360 Son père. Louis d'Angennes, marquis de Maintenon. chevalier des ordres du roi, avait épousé Françoise d'O. Le cousin germain de Charles d'Angennes, seigneur de Saint-Gervais, n'était autre que Charles d'Angennes, marquis de Rambouillet, mort en 1652, marié, en 1600 à la célèbre Catherine de Vivonne, qui protégea les lettres et fut chantée par Voiture et Chapelain. Le portrait de Charles d'Angennes, dessiné à l'encre de Chine, se trouve à la Bibliothèque Nationale, collection Clairambault (fonds du St-Esprit, tome 23). Ledit Charles et Catherine de Vivonne laissèrent: Julie-Lucie

D'ANGENNES DE MAINTENON

(1) *Bibliothèque Nationale*, manuscrits, pièces originales, registre 2516.

(2) *Ibidem*, même registre 2516.

d'Angennes, morte en 1671 (son portrait a été gravé), marquise de Rambouillet, dame d'honneur de la reine, gouvernante du dauphin, mariée, en 1645, à Charles de Sainte-Maure, duc de Montausier, pair de France, etc., (que Molière, dit-on, a voulu peindre dans le *Misanthrope*). Charles d'Angennes de Maintenon, seigneur de Saint-Gervais, et Françoise-Julie de Rochefort laissèrent pour enfants : 1° Louis d'Angennes de Rochefort de Salvert, marquis de Maintenon et de Meslay, seigneur de Saint-Gervais, du Moutier, du tiers d'Angeville, de la Villeneuve, de la Moutonnière, de Blainville, bailli et capitaine de la ville de Chartres, mort le 6 janvier 1657, marié, le 12 juin 1640, à Marie Le Clerc du Tremblay, fille de Charles, gouverneur de la Bastille. Il eut Charles-François, né à Chartres, en 1648, marié à Catherine Giraud. Celui-ci vendit, en 1674, la terre de Maintenon à la fameuse Françoise d'Aubigné, depuis *marquise de Maintenon*, morte à Saint-Cyr, en 1719. Louis XIV érigea pour elle, cette terre en marquisat ; 2° Bernard, seigneur de la Moutonnière, en 1645 ; 3° Louise-Elisabeth, mariée, en 1639, à François Le Comte, marquis de Fontaine, en Normandie ; 4° Rose, religieuse visitandine.

Après la maison d'Angennes de Maintenon, on trouve les de Montmorin, puissante maison d'Auvergne (connue dès 954), seigneurs de Saint-Gervais. Leurs armes sont : *de gueules, semé de molettes d'éperon d'argent; au lion de même brochant* (1)

Gilbert-Gaspard de Montmorin, comte de Saint-Hérem, fut seigneur de Saint-Gervais, Châteauneuf, Montguerlhe, Vollore, etc., gentilhomme ordinaire de la chambre du roi. Il était fils de Gaspard II de Montmorin, qui rendit de grands services à Henri IV pendant la Ligue. (Il fut tué en défendant

(1) Mme la comtesse de Carneville, dernière des Montmorin, morte en 1871, a écrit et orné de blasons un splendide manuscrit (*Généalogie de la Maison de Montmorin*), qui a été déposé à la Bibliothèque de Clermont-Ferrand (4 volumes in-4°).

Cébazat (Puy-de-Dôme), en 1593), et de Catherine de Chazeron. Gilbert-Gaspard acquit la terre de Saint-Gervais, peu avant sa mort (arrivée le 17 février 1660) Il avait épousé, en 1620, Catherine de Castille, et laissa entr'autres enfants : 1° François Gaspard, qui suit ; 2° Philippe, comte de Châteauneuf, tué au service du roi (1652) ; 3° Nicolas, tué au siège de Lérida (1647) : 4° Edouard, qui a fait la branche des seigneurs de la Chassaigne (qui finit par le comte Armand-Marc de Montmorin, seigneur de la Barge, ministre des affaires étrangères, de 1787 à 1792, guillotiné par la Terreur, en 1794 et par ses deux filles, mariées aux comtes de Beaumont d'Auty et de la Luzerne) ; 5° Roger-Charles, baron du Broc, tué près de Béthune, au service ; 6° François-Charles, tué au service, en 1664 ; 7° Jean, grand'-croix de Malte, commandeur de son ordre, mort en 1696 ; 8° Catherine-Angélique, célèbre abbesse de l'Éclache (ordre de Citeaux), à Clermont-Ferrand (1657-1692); pieuse abbesse, d'un caractère énergique ; elle reforma son monastère, qu'elle transféra dans la rue qui porte le nom de l'Éclache, à Clermont-Ferrand. Elle mourut le 20 juillet 1692, emportant d'unanimes regrets. Son portrait inédit, sur toile (reproduit dans cet ouvrage), se trouve au château de la Bargé, chez M. le comte d'Aurelle de Montmorin.

DE MONTMORIN

François-Gaspard de Montmorin, marquis de Saint-Hérem, comte de Saint-Gervais et de Châteauneuf, seigneur de Vollore, de la Molière, servit au siège d'Arras (1646), commanda (1646) le régiment de la cavalerie de la Tour-Bassompière et (1648) celui de la Ferté-Saint-Nectaire. Il fut grand louvetier (1655), puis gouverneur de Fontainebleau. Il avait épousé, en 1651, Anne Le Gras de Vaubercey, En 1686, il présenta requête au roi Louis XIV pour faire renouveler le terrier du comté de Saint-Gervais, ce qui fut fait en 1689 (terrier en mains de l'un de nous, *M. A. Madebène*). Ses enfants furent : 1° Charles-Louis, qui suit ; 2° Jean-François-Gaspard, abbé de Manglieu (mort en 1682) ; 2° une fille mariée.

Charles-Louis de Montmorin, comte de Saint-Gervais, de Châteauneuf, de Vollore, seigneur de la Molière, etc., fut capitaine de cavalerie et gouverneur de Fontainebleau après son père. Il rendit foi-hommage au roi, en 1717, pour Saint-Gervais, Châteauneuf, Vollore (voir *Noms Féodaux*, par dom Bettencourt) ; il épousa, en 1696, Marie-Geneviève Rioult de Douilly et mourut en 1722, laissant le suivant.

Jean-Baptiste François, marquis de Montmorin Saint-Hérem, comte de Saint-Gervais, de Châteauneuf, de Vollore, seigneur de Montguerle, etc., né en 1704, colonel du régiment de Forez (1734), de celui de son nom, infanterie (1738), maréchal de camp (1745), lieutenant-général (1748), gouverneur de Fontainebleau, commandeur de l'ordre du Saint-Esprit (1773) avait vendu la terre de Saint-Gervais au marquis de Gironde, et mourut au Havre, en 1799, à 95 ans. Nous donnons son portrait d'après la belle toile qui se trouve au château de la Barge (Puy-de-Dôme), chez M. le comte d'Aurelle de Montmorin. Il avait épousé, en premières noces, en 1724, Adelaïde Le Valois de Vilette, dont un fils, J.-B. Calixte, marquis de Saint-Hérem, mort à Vollore, en 1782, marié à Gabrielle Le Tellier de Louvois, dont J.-B. Armand, marquis de Saint-Hérem, seigneur de la Barge, etc., mort en 1814, marié à Louise de la Queille. Ce dernier ne laissa qu'une fille, Louise-Françoise, mariée en 1807, à Jean-Simon Narcisse, comte d'Aurelle, lequel a obtenu du roi Louis XVIII, en 1816, l'autorisation d'ajouter à son nom celui de Montmorin. J.-B. Armand était l'oncle de la comtesse de Carneville, née de Montmorin, dernière de son nom, morte en 1871 (voir précédemment, p. 82, *la note*).

J.-B. FRANÇOIS DE MONTMORIN

Marquis de Saint-Hérem, comte de Saint-Gervais et Châteauneuf, en 1750

(D'aprés un tableau du château de la Barge).

Marie-Louis-Victor-Amédée, marquis de Gironde, devint comte de Saint-Gervais et de Châteauneuf, par acquisition qu'il en fit, sur la licitation qui fut poursuivie au Châtelet de Paris, vers 1760. La famille de Gironde, l'une des plus antiques de la Guyenne, est connue dès le xe siècle. Elle porte : *d'or, à 3 hirondelles de sable, les 2 premières affrontées, la 3e en pointe regardant les autres* (1). Une branche s'établit en Auvergne à la fin du XIIIe siècle et c'est d'elle que descend Marie-Louis-Victor-Amédée de Gironde, seigneur de Saint-Gervais. Celui-ci qualifié marquis de Gironde, comte de Buron, vicomte d'Embrief, d'Escury, etc., était fils d'André, comte de Buron, grand échanson de France, et d'Antoinette de Boistel. Il fut pourvu de la charge de lieutenant-général pour le roi au gouvernement de l'Isle-en-France, après son père (1757), et épousa, le 18 juin 1757, Adelaïde-Geneviève-Marguerite d'Assé, fille unique d'Armand, marquis de Montfaucon, et de Geneviéve de Montmorin Saint-Hérem, dame d'honneur de Louise-Adélaïde de Bourbon-Conti princesse de la Roche-sur-Yon, et sœur de Me Anne-Françoise de Montmorin Saint-Hérem, mariée en 1724, au marquis Pierre de Chambon d'Arbouville. M.-L.-V. Amédée de Gironde, poursuivi par de nombreux créanciers, revendit la terre de Saint-Gervais, par acte du 3 juillet 1767, reçu Baron, notaire au Châtelet de Paris, à Jean-Baptiste Thomas, marquis de Pange, qui suit.

DE GIRONDE

Jean-Baptiste Thomas, marquis de Pange, fils de J.-B. Louis-Benoît, marquis de Pange en Lorraine, commandeur,

(1) Voir le *Dictionnaire de la Noblesse*, par la Chesnaye des Bois, article *Gironde*.

EX-LIBRIS DU COMTE J.-B. FRANÇOIS DE MONTMORIN
MARQUIS DE SAINT-HÉREM, SEIGNEUR DE SAINT-GERVAIS

Cet *ex-libris* est aux armes et supports de Montmorin.
Il servait pour la Bibliothèque de J.-B. François de Montmorin Saint-Hérem, vers 1750.

trésorier général de l'ordre de Saint-Louis et de l'extraordinaire des guerres, et de Françoise de Thumery, devint donc comte de Saint-Gervais, en 1767 Sa famille était originaire de Clermont en Argonne, où elle figure dès le commencement du XIVe siècle. Elle a donné, depuis lors, plusieurs lieutenants généraux au baillage de Clermont, puis, en 1632, un chancelier de Lorraine, deux maréchaux de camp, trois chevaliers de Malte, un pair de France (1819). Cette famille a aussi possédé les terres de Boissonnelle, de la Roche-Bournoncle, de Meyronne, de Rillac, de Vernassal, en Auvergne. Les armoiries sont : *d'argent, au chevron d'azur, chargé, à dextre d'une épée d'argent, garnie d'or, la pointe en haut et, à senestre, d'un épi de blé d'argent, le chevron accompagné de 3 étoiles aussi d'argent.* Couronne *de marquis.* Jean-Baptiste Thomas, marquis de Pange, comte de Saint-Gervais et de Châteauneuf, seigneur de Villers, de Domangeville, était né, le 9 novembre 1717. Il fut commandeur, trésorier général de l'ordre militaire de Saint-Louis et de l'extraordinaire des guerres, grand bailli d'épée de la ville de Metz et, en cette qualité, chef de la noblesse du pays Messin. Il avait épousé 1° le 14 février 1752, Marie-Adélaïde de Chambon, fille du marquis Pierre de Chambon d'Arbouville, (voir page 86) et de Marie-Anne-Françoise de Montmorin, morte en 1753 ; 2° en février 1755, Jacquette-Philippe-Renée d'Espinoy, issue des comtes de Lannoy et de Furstemberg. Jean-Baptiste Thomas, marquis de Pange, resta possesseur du comté de Saint-Gervais jusqu'en 1781. A cette époque, une sentence du lieutenant civil au Châtelet de Paris (31 mars 1781) ouvrit sa succession et l'on eut le projet de mettre en adjudication la terre de Saint-

THOMAS DE PANGE

JEAN-BAPTISTE THOMAS, MARQUIS DE PANGE
Comte de Saint-Gervais et de Châteauneuf (1767-1781)
(D'après un portrait conservé par M. le marquis de Pange, son descendant.)

Gervais, le 27 avril 1782 (1); néammoins, les enfants du marquis de Pange restèrent seigneurs de Saint-Gervais, jusqu'à la Révolution française qui les dépouilla (2). Du second mariage de J.-B. Thomas, marquis de Pange, naquirent, 1° Marie-Louis, marquis de Pange, colonel en second du régiment de hussards de Bercheny, maréchal de camp dans l'armée royaliste de Vendée, où il fut tué le 28 janvier 1796. Il avait épousé une demoiselle de Valecourt, dont il n'eut pas d'enfants; 2° Marie-François-Denis, chevalier de Pange, mort le 14 juillet 1796 sans enfants. Il était l'ami d'André Chénier qui lui a dédié plusieurs poésies. Il avait épousé, peu avant sa mort, la comtesse de Serilly, sa cousine; 3° Marie-Jacques, qui devint marquis de Pange après la mort de ses deux frères aînés. Il fut créé pair de France, sous Louis XVIII, et mourut en 1850 avec le grade de maréchal de camp. Il avait épousé, en 1809, Charlotte de Riquet de Caraman et laissa un fils et quatre filles. Le fils est l'aïeul, notamment de M. le marquis de Pange résidant actuellement à Paris, en son hôtel; 4° Françoise-Louise, mariée, en 1773, au marquis de Saint-Simon; elle n'eut qu'une fille, morte célibataire.

(1) Archives de Tournoëlle à M. le Comte de Chabrol-Tournoëlle.

(2) Chabrol. (Coutumes d'Auvergne).

ANCIENNE MUNICIPALITÉ

Les Franchises ; les Consuls. — Saint-Gervais reçut, sûrement, des comtes d'Auvergne (au XIIIe siècle), alors seigneurs de cette ville, une charte de commune, qui n'a pas été conservée. Par ce document important, les habitants obtinrent en *franchise*, c'est-à-dire exonérés de tout impôt, le territoire situé autour de la localité ; de là, le nom de *« ville et franchise » de Saint-Gervais*, qu'on retrouve souvent dans les actes anciens. Mais, en retour, la ville s'engagea, envers son bienfaiteur et tous ses successeurs seigneurs de Saint-Gervais, à une *taille franche* de vingt livres, qui fut acquittée jusqu'à la Révolution française.

ARMOIRIES DE LA VILLE DE SAINT-GERVAIS

Armoiries. — Saint-Gervais qui avait reçu une charte de commune prit, en conséquence, des *armoiries*. Ce blason a été enregistré en 1696, à l'*Armorial général de France* (*Généralité de Moulins*), (conservé aux manuscrits de la Bibliothèque Nationale, à Paris, et dirigé par d'Hozier) ; Ces armes sont : *gironné, diapré de 8 pièces, d'or et de gueules* (1).

Comme conséquence de sa charte de commune, Saint-Gervais eut le droit d'avoir 4 consuls, magistrats municipaux qui étaient chargés des affaires de la ville et qui ont persisté jusqu'en 1790, au moment de la création des maires.

Parmi les consuls, au XVIIe siècle, on trouve ces noms, dès 1631 : Barthomivat, Beneyton, E. Aubignat, huissier royal ; Lamanière (id) ; en 1659, Antoine Rougier, Gervais Bourduge, Gervais Beneyton, Jean Colombier, plus tard ; Antoine Garachon, Lelong, Bathiat, Toulemont, Chomette, Rouchon, Bourduge, Fournier (du Malmont), Nouhen, Barsse, Chefdeville-Massin, Dumoulin-Dupont, Marcilhat. Au XVIIIe siècle : Archimbaud, lieutenant au baillage ; Dufal, Vernet, Martin, Perol, Faure, Charvilhat, Pracros, Duron, Bottes, Raynaud, Allègre, de Neuville, Grenat, Baron, Boyer, Grand, Nony, Boulon Barrat, Sauret, Amouroux, Peynard, Gailhard, Saby, Pradelle, Durif, Duprat, Aubignat, Tixier, Nouhen, Boissy, Bennezit, Gaby, Garachon, Durel, Colin, Marcilhat, Barsse.

Sous Louis XIV, les petites villes eurent un syndic à la tête de la municipalité. Ces fonctions de syndic étaient vénales. On les achetait à prix d'argent. *Michel Grand* fut syndic de Saint-Gervais, en 1720. Ces fonctions furent supprimées peu après.

(1) Ces armoiries sont enregistrées ainsi à cet Armorial, à l'élection de Gannat. Elles sont répétées par erreur, dans le même Armorial, à l'élection de Moulins, et indiquées avec 2 *fasces* et 2 *pals brochant* qui sont les armes de la ville de Vichy. Nous avons choisi celles de l'élection de Gannat, dont dépendait Saint-Gervais réellement.

Sous la Révolution française, de 1792 à 1798, il y eut des *réunions cantonales décadaires*. Veysset, Batisse, Mombrun furent présidents de ces réunions (1792). Etaient membres desdites réunions : Parrin, Barsse, Nony, Durif, Verniol Gaby, Roudaire, Grand, Garachon, Mazeron du Bladeix, Boulon, Combaud, Grivaud, Gory, Duboselard, Thevenet, Bathiat, Masson, Tailhardat, Lelion, Chaffraix, Colin, Message. Voici le fac-simile du sceau de l'administration cantonale de Saint-Gervais, en 1793. (La matrice du sceau est possédée par M. Fribaud, secrétaire de la sous-préfecture, à Riom, qui nous l'a obligeamment communiquée).

Maires. — La loi du 14 décembre 1789 établit les municipalités et les maires. La constitution de l'an III créa un agent et un adjoint dans toutes les communes. L'acte constitutionnel de l'an VIII confia ces fonctions au maire et à l'adjoint. Les lois du 20 septembre 1792 et du 7 frimaire an II confèrent les actes de l'état-civil (précédemment aux curés) aux officiers civils. Voici les maires connus de Saint-Gervais : Vialette (1791), Annet Batisse (1799), François Grand, Guillaume Colin (1804-1830), Pracros-Visinol (1830-1848), Gervais Chardonnet (1848), Michel Martin (1860-1869), Pradell› (1870-1876), François Aubignat-Moutarlet (1876), Etienne Maison (1881), Eugène Meunier (1882 à nos jours).

Ecole communale. — En 1659, il y avait un collège municipal à Saint-Gervais, dont Lescuyer était le principal.

L'école communale actuelle occupe un bel édifice dû aux plans et devis de M. Roussel, architecte à Riom, et qui a été achevé en 1890 (Meunier, maire ; Forestier, Aubignat, adjoints). L'avenue qui le longe est embellie par le gracieux petit hôtel des postes et la caserne de gendarmerie, avenue créée par M. Etienne Maison, ancien maire.

ADMINISTRATIONS MODERNES

Justices de paix. — Nos juges de paix remplacèrent, en 1790, les anciens baillis. Juges de paix de Saint-Gervais : Léger-Alexandre Astaix, 1797-1801 ; Archimbaud-Lagarde, 1806-1820 ; Beauregard, 2 février 1820 ; Mombrun (suppléant), février 1820 à 1821 ; Antoine Baret du Coudert, 1821-1828 ; Aleyandre Pracros, 1828-1830 ; Philippe Parrin, 1831-1844 ; Michel Breschard, 1845-1847 ; J.-B. Sersiron, ancien notaire ; 1848-1850 ; Michel Breschard, 1851-1863 ; Gervais Madebène, 1863-1873 ; Chartron, 1873-1884 ; Jules Pourthier, ancien notaire à Giat, 1884 à nos jours.

Greffiers. — Tharonnet, 1801 ; Pracros, 1804 ; Parrin, 1815 ; Gay, 1816 ; Pradelle, 1826 ; Tixier, 1840 (janvier) : Champomier, 1840 (août) ; Ligier, 1847 ; Martin, 1864 à nos jours.

Percepteurs. — Jacques Veysset, 1830 ; Ossaye, Barbe, Vialla ; Belmontet ; Cyprien Marcland ; Chassitang ; Vergne ; Carbasse ; H. Souclier (actuellement).

Notaires (1). — Ont exercé à Saint-Gervais : Jean Barthomivat, 1546 ; Gervais Barthomivat, 1613-1637 ; Pierre Amizon, 1679-1691 ; Gervais Bathiat, 1621-1651 ; Gervais Chamalet, 1613-1628 ; Chamalet, 1628-1680 ; Claude Truchard, 1688 ; Pierre Amison, 1679-1691 ; Jean-Antoine Charvilhat, 1695-1727 ; Grégoire Lelong, 1715-1745 ; Claude Charvilhat, fils d'Annet, 1728-1749 ; Blaise Mombrun, 1746-1781 ; Jean-Antoine

(1) Dans les petites villes féodales, les notaires remontent, en général, à la fin du XIIIe siècle.

Géraud du Montel, 1787 ; Xavier Vialette, 1777-1801 ; Gervais Mombrun, 1782-1814 ; Gilbert-Marie Vialette, 1801-1829 ; Gervais Chardonnet, 1829-1843 ; Gervais Madebène, licencié en droit, 1856-1885 ; Elie Rousset, 1885 à ce jour (1). (Les minutes des notaires qui précèdent sont presque toutes conservées dans l'étude actuelle de Me Rousset).

Joseph Bottes, 1767-1822 ; Gilbert-Victor Grand, 1800-1825 ; J.-B. Maigne, 1820-1855 ; Jean Faure, 1750-1778 ; Jean Pracros, 1778-1817 ; J.-B. Sersiron, 1827-1844 ; Pierre-Hip. Bottes, 1844-1862 ; Gilbert Perol, 1861-1874 ; Michel Forestier, 1874 à nos jours. (Les minutes des notaires qui précèdent sont conservées à Saint-Gervais, dans l'étude Forestier).

Autres notaires de Saint-Gervais : Pierre Faucon, 1684-1720 ; Beneyton (plusieurs), 1636-1716 ; Colombier, 1580-1615 ; Gilbert Faure, 1678-1693. (Les minutes des notaires qui précèdent se trouvent dans l'étude Martin, à Charensat).

SCEL ROYAL DES CONTRATS DE SAINT-GERVAIS.

Bureau d'enregistrement. Antérieurement à 1668 et dès la fin du XVIe siècle, les actes des notaires étaient scellés, par un notaire commis, d'un sceau royal et payaient un droit de sceau. Ci-contre, le fac-similé du sceau servant, en 1624, à Saint-Gervais. Il porte en légende : SEL. RO. D. CON. JUSTICE. D. St GERVAIS (Scel royal des contrats, justice de Saint-Gervais). En 1668, on établit, à Saint-Gervais, comme dans un grand nombre

(1) M. Elie Rousset, ancien élève de l'école de Vincennes, fils d'un ancien notaire, décédé juge de paix, est originaire du Cantal.

de ville, un contrôleur pour les exploits des huissiers; et, enfin, en 1693, un contrôleur pour tous les actes des notaires. Liste des contrôleurs: Pierre Amizon, notaire, 1683-1685; Grégoire Archimbaud, 1685-1699; Salvert, 1703-1704.; Grégoire Lelong, 1710-1712; Archimbaud de la Garde, 1753-1768; Duval, 1787; Breide, 1788; Bernard, 1790-1791; Gaboré, 1791; Vialette, 1792-1804; Gaillard, 1804-1812; Bouyon, 1812-1816; Dupan, 1816; Génard, 1816-1821; Mandet, 1821-1823; Vassal, 1823-1834; Sigaud de Lestang, 1834-1836; Goyon, 1836-1840; David, 1840-1842; Boisse, 1842-1844, Gleuse, 1844-1848; Doulhaguet, 1848-1850; Couferon, 1850-1855; Guérin, 1855-1858; Salomon, 1858-1859; Peleu, 1859-1863; Bouchet, 1863-1865; Maugue (Emmanuel), 1865, à ce jour.

Médecins. — Saint-Gervais n'avait en général que des chirurgiens. On trouve: Jacques Géraud, chirurgien, 1637; Gabriel Beneyton, chirurgien, 1637, Jean Archimbaud, chirurgien, 1676; Leypeys, chirurgien, 1683; Bertrand Visignol, chirurgien (Antoinette Bathiat, sa veuve), 1668; Gilbert Mombrun, chirurgien 1685; Nouhen, chirurgien, 1676; Jacques Delaroche, chirurgien, 1706; Antoine Jobert, père, chirurgien, 1685, il mourut en 1733; Jean Jobert, son fils, chirurgien, (épousa en 1707, Marie Grand), mort en 1734; François Jobert, chirurgien, fils dudit Jean, 1733; Jacques Maitre, chirurgien. 1718; Jean Mombrun, chirurgien, 1719-1725; Charles Delaroche, chirurgien, mort à 65 ans, en 1720; Louis Bien, docteur en médecine, originaire du Poitou, mort à Saint-Gervais, en 1729; Charles Graud, chirurgien, 1730-1731; Petaud, 1750; J. Visignol, chirurgien, 1742; Mombrun-Visignol; Jean Vialette; Charles Jobert, chirurgien, 1788; Boulon; Gervais Nony. XIXe siècle: Gilbert Gory; Gervais Batisse, ex-chirurgien de marine; Pracros-Visignol; Guillaume Colin, docteur-médecin, 1810; Laurent Batisse, fils, docteur-médecin, 1820; Amable Martin, docteur-médecin, 1836; Geoffroy de Montreuil, docteur-médecin, 1861; Jean Durif, docteur-médecin, 1873; Victor Bataille. docteur-médecin, 1878. à nos jours; J. Meunier, docteur-médecin, 1889, à nos jours.

ANCIENNES FAMILLES

ous les chefs-lieux de commune du canton de Saint-Gervais, auront leur histoire, au *Dictionnaire* final; et, là, nous donnons un chapitre spécial, intitulé: « *Anciennes familles* ». Il comprend, 1° les familles nobles; 2° la vieille bourgeoisie; 3° les *familles existantes qui habitent encore le canton*, et dont les ancêtres figurent soit dans les vieux terriers, les minutes des notaires ou les actes anciens de l'état civil. Dans cette *troisième catégorie*, on trouvera les noms de *tenanciers*, qui se perpétuent dans nos villages depuis des siècles. Toutes ces familles, plus ou moins élevées dans l'échelle sociale, constituent parfaitement l'*état ancien du pays*. On remarquera que bien des noms existants ont monté l'échelle sociale pendant que d'autres, au contraire, sont descendus.

Amizon. — Michel Amizon, praticien, 1685. Pierre Amizon, notaire royal et contrôleur des actes des huissiers à Saint-Gervais, 1683-1685,

Archimbaud — Bourgeoisie. — Grégoire Archimbaud, sieur de la Garde, greffier au baillage de Saint-Gervais, 1688, mort le 29 septembre 1706. Il fut le premier contrôleur des actes des notaires, à Saint-Gervais. Pierre Archimbaud de la Garde, époux de Françoise Faucon, fille de Gilbert et d'Amable Beneyton, 1744. Joseph Archimbaud de la Garde vivait en 1785. Louise Archimbaud de la Garde, épousa J.-B. Vialette, avocat, châtelain de Châteauneuf, mort en 1774, dont postérité (Voir généalogie *Vialette*, ci-après).

Aubignat — Bourgeoisie ancienne et fort honorable, Etienne Aubignat, sergent royal, à Saint-Gervais, 1688 ; Simon Aubignat, sergent royal audit lieu, 1717. François Aubignat, maire de Saint-Gervais, né en 1810, épousa en 1840, Marie Deteix, dont : 1° Ernest, mort en 1886, marié à Juliette Gravet, dont Etienne : 2° Etienne, 1er adjoint au maire de Saint-Gervais : 3° Agathe, mariée, en 1880, à Emile Tartière, médecin-major de 1re classe au 8e hussards, dont Raymond, Maurice et Hervé. Cette famille possède, depuis longtemps, l'ancien fief de Neufvialle et la propriété de Montarlet.

Barsse. — Gilbert Barsse, clerc, 1685 ; Grégoire Barsse, greffier de Saint-Gervais. 1726, châtelain de Chazelles, 1733. Représentée, de nos jours, à Saint-Gervais, par Mademoiselle Clarisse Barsse, ancienne receveuse des postes.

Barthomivat. — Anciennement Barthomyvat. comtes de la Besse. Seigneurs de Neufville, des Paleines, Courtine, la Chaux, la Brousse, la Mothe, le Colombier, Marlet, Lovendal, les Combes, Vernadel, le Pradeix, etc. Cette famille noble qui est connue près de Saint-Gervais, depuis l'an 1252, que vivait Mathieu Barthomivat, chevalier, marié à Magdeleine d'Astorgue, a été maintenue dans sa noblesse, en 1667, par l'intendant d'Auvergne et, en 1752, par la cour des aides de Paris. Filiation depuis François Barthomivat, écuyer, seigneur de Lovendal, homme d'armes, vivant en 1490. Les 3 branches existantes sont séparées depuis longtemps. I. Branche de la Besse, représentée par le comte Barthomivat de la Besse, né en 1843, résidant au château de Chabrignac (Corrèze) et son cousin Roger, domicilié à Loriges (Allier). II. Branches de Neufville et des Paleines ; celle de Neufville représentée à Cébazat (Puy-de-Dôme), et celle des Paleines, près de Courpière (Puy-de-Dôme) ; voyez les mots Neufville et les Paleines du Dictionnaire. Ces deux dernières branches ont pour auteur Antoine Barthomivat, marié, en 1657, à Gervaise Bottes.

BARTHOMIVAT DE LA BESSE.

Armoiries des Barthomivat de la Besse : *de gueules, au chevron d'or, accompagné de 3 étoiles d'argent*, Couronne de marquis. Devise : *Sola Virtute fit homo*. Les branches de Neufville et des Paleines brisent ainsi, comme cadettes : *d'azur, au chevron d'or, accompagné de 3 étoiles d'argent, surmonté d'une fasce d'argent, surhaussée d'un chef d'or chargé de 2 taus ou croix de Saint-Antoine d'azur.* (voir le mot *Neufville*, du dictionnaire).

Bathiat. — Vieille Bourgeoisie. Gervais Bathiat, notaire à Saint-Gervais, 1621 ; Jeanne Tixier, sa veuve, 1683. Jacques Bathiat, prêtre communaliste à Saint-Gervais, 1646 ; François Bathiat, procureur d'office de Saint-Gervais, 1688 ; Bravy Bathiat, procureur d'office d'Ayat, 1701, Jean Bathiat, maître-chirurgien à Ayat, 1740. Nombreux descendants, entr'autres : les familles Bathiat, Gravier, Faure (d'Ayat, de Charbonnières-

GUILLAUME-MICHEL DE CHABROL

Né à Riom en 1712, y mourut en 1792 ; célèbre avocat, auteur d'un savant commentaire sur la Coutume d'Auvergne. Sa mère, Anne Beneyton, était de Saint-Gervais, où elle vint de nombreuses fois.

les Vieilles); Durin-Faure (de Saint-Gervais); Teytard-Bathiat, et leurs nombreux descendants. A cette branche d'Ayat, un chanoine du Marthuret, à Riom, en 1789 ; il refusa le serment à la Constitution; un capitaine, tué à Vannes; un Bathiat, médecin à Ayat, vers 1790. Un de ses descendants à été juge de paix à Pionsat, et un autre, médecin à Echassières (Allier). D'une branche éloignée, l'abbé Bathiat, chanoine honoraire, curé actuel de Randan, et l'abbé Bathiat, curé de Montpensier, son neveu. M. le curé Bathiat est allié, par sa mère, à la famille Madebène.

Batisse. — Gaspard Batisse, employé dans la brigade des gabelles à Saint-Gervais (1730), épousa Antoinette Martin. M. Gervais Batisse, chirurgien de marine, époux de Mlle Roudaire, eut: 1° Laurent, docteur-médecin, marié à Félicie Chardon-Ogier, dont Antoine, juge de paix à Saint-Germain-Lembron, marié à Louise Vigne; 2° Clarisse, mariée à M. Roudaire, garde du corps, dont Sophie et Félix, docteur-médecin, marié à Marie Montroguon; 3° Sophie, épouse de J.-B. Sersiron (de Roure, près de Pontgibaud). L'abbé Batisse, curé de Chauriat, né à Saint-Gervais, en 1800, mort en juillet 1868, avait été vicaire aux Minimes, à Clermont-Ferrand.

Beneyton. — *Seigneurs* de la Fayette, du Prat et des Saignes. Deux curés de Saint-Gervais, de 1689 à 1721. Gervais Beneyton, consul de Saint-Gervais, 1689. Gilbert Beneyton, seigneur des Saignes et de la Fayette, en 1706, frère de N. curé de Saint-Etienne, épousa Françoise Gomot, sœur ou fille de Michel, seigneur de la Fayette. Il résidait à Saint-Gervais et laissa: 1° Michel, seigneur de la Fayette, marié en 1723, à Françoise Pracros ; 2° Françoise qui suivra ; 3° Amable mariée, 1° à François Momet, seigneur de Farges, le 8 février 1724; 2° le 22 septembre 1729, à Georges de Durmignat, d'abord garde du corps du roi, puis capitaine au régiment de Chambaud, fils de Georges et de Gilberte Tailhardat.

4° Amable, mariée, en 1719, à Gilbert Faucon, fils de Pierre, président du grenier à sel de Saint-Gervais et d'Anne d'Armand; 5° Amable, mariée, en 1729, à Claude Charvilhat, notaire royal, bailli de Gouttières. Françoise Beneyton, portée ci-dessus, épousa, le 18 octobre 1718, Gilbert Chabrol, conseiller au présidial de Riom, fils de Jacques, avocat du roi au présidial de Riom, et de Marie-Anne Bœuf, et frère de l'illustre Guillaume-Michel Chabrol, auteur des Coutumes d'Auvergne. Mais Jacques Chabrol, qui précède, avait épousé en 2° noces. le 18 juillet 1713, Anne Beneyton, fille de Gervais, seigneur du Prat, et d'Amable du Puy, celle-ci morte à Saint-Gervais, en 1709, à 65 ans; et c'est de ce dernier mariage que naquit, à Riom, le 1er septembre 1714, Guillaume-Michel de Chabrol, depuis, seigneur de Tournoelle, de Chaméane, de Murol, etc., célèbre avocat à Riom, où il mourut en 1792. C'est l'auteur des savantes *Coutumes d'Auvergnes* (4 volumes in-4, Riom, 1784-1786) Sa mère, Anne Beneyton, était donc de Saint-Gervais, et il y vint souvent; c'est presqu'un enfant de Saint-Gervais. Cette famille Chabrol, originaire de la haute Auvergne et dont la filiation se suit depuis 1510, compte de nobles alliances et de nombreuses illustrations. Elle est représentée, en Auvergne, par le comte Guillaume de Chabrol, ancien député et par d'autres branches, en Nivernais, à Paris, etc. Les armoiries des Chabrol sont : *Ecartelé aux 1 et 4, d'azur, au chevron d'or, accompagné de 3 molettes d'éperon de même (qui est de Chabrol); aux 2 et 3, d'azur, au pal d'or, chargé d'un lion grimpant de gueules, le pal accosté de 6 besants, 3 à dextre, 3 à senestre (qui est de Basmaison)*. Jean Beneyten, chirurgien à Auzances, fit enregistrer ses armoiries à l'*Armorial général* de France, en 1696 : *d'argent, à un bénitier de sable.*

DE CHABROL

Bottes. — La plus notable et la plus ancienne bourgeoisie du pays de Saint-Gervais. D'origine anglaise et fixée, dans la contrée, au XIVe siècle, pendant la guerre de Cent Ans, d'après la tradition. Nous donnons la filiation, d'après les archives mêmes de la famille. Filiation : 1° Jean I Bottes, bourgeois, possesseur du domaine de la Porte, au Levadou, et d'héritages à la Bessue, vivait en 1532. Il eut II Gervais I, bourgeois, seigneur de la Besse, en partie (1542), marié à Bonne de Jarrier, fille de noble François, écuyer, seigneur des Barges, dont III Jean II, bourgeois, seigneur de la Besse, en partie, marié à Anne Beneyton, vivant en 1575; il laissa : IV François, bourgeois, seigneur de la Besse en partie (1582), marié, en 1573, à Michelle Barthomivat, fille de Gervais, notaire royal à Saint-Gervais, morte en 1586, dont : V Gervais II, bourgeois, seigneur de la Besse en partie, greffier au baillage de Saint-Gervais, marié à Jeanne Brosson, il rendit foi-hommage au roi, à Riom, le 25 août 1635 pour la seigneurie de la Besse; acheta avec Claude Barthomivat, seigneur de Courtines, à Maurice Barthon, seigneur de la Mothe, ce qui appartenait à celui-ci de la seigneurie de la Besse. Il eut entr'autres enfants : 1° Jean, qui suit ; 2° Gervaise, mariée en 1657 à Anthoine Barthomivat, fils de Blaise et seigneur de la Brousse, auteur des Barthomivat des Paleines et des Barthomivat de Neufvialle (voir les mots Les Paleines et Neufvialle, au *Dictionnaire*). VI Jean III, qualifié « noble Jean Bottes, » seigneur de la Besse, épousa : 1° Marie Barthomivat, fille de Blaise, morte sans enfants ; 2° en 1653, Antoinette Lardif, fille de Gervais-Antoine, seigneur des Barsses et de Couronnet, dont entr'autres : 1° Blaise, qui suit ; 2° Gervais, prêtre, baile des Communalistes de Saint-Gervais, en 1688 ; 3° Marguerite, femme de Gervais Beneyton, fils d'un notaire royal à Saint-Gervais ; 4° Claude, établi à Riom, avocat au Parlement ; il épousa Anne Barthon, petite fille de Jean, seigneur de la Mothe-Villeneuve, dont Françoise, mariée, vers 1730, à François Redon, dont Claude, né en 1739, avocat, député aux Etats Généraux, en 1789, premier président à la Cour d'appel de Riom, à sa création, baron de l'Empire, mort en 1821. VII Blaise Bottes, seigneur de la Besse en partie, né en 1654, mort en 1732 ; épousa, en 1693, noble Françoise de Bressolles, morte en 1747, dont entr'autres : VIII Michel, seigneur de la Besse et de Levadou (1768), né en 1709, marié, en 1732, à Anne Grand, dont entr'autres : 1° François, qui suit ; 2° Joseph, bailli de Gouttières, châtelain de Chazelles, notaire à Saint-Gervais, marié, en 1771, à Anne Géraud du Montel, dont Michel, chirurgien de marine, médecin à Pionsat, père de Nina, morte en 1890, épouse de M. Filliozat ; 3° Jean François, marié à Mlle Malos ; d'eux descendent, Mme Chirac, née Bottes, et Edmond Bottes, résidant à Clermont, président des sociétés d'horticulture et de viticulture ; 4° Antoinette Josephe, née en 1754, mariée, en 1777, à Jacques-Antoine Dulaure, le célèbre historien et archéologue, né à Clermont-Ferrand, décédé en 1835, à Paris, morte peu après sans enfants. IX François Bottes, seigneur de la Besse (1776), né en 1733, épousa, en 1768, Marie-Jeanne Rougier, fille d'un notaire royal à Pionsat, et de Gilberte Barthon, dont entr'autres : 1° Michel-Annet, qui suit ; 2° Louis, connu sous le nom de la *Besse*, percepteur, mort en 1845, célibataire ; 3° Anne-Marie, mariée, en 1798, à François-Gilbert Hom, notaire à Charbonnières-les-Vieilles. X Michel-Annet Bottes, né en 1769, épousa en 1807, Françoise Beaufort, dont, entr'autres : 1° Louis, qui suit ; 2° Pierre-Annet-Marie-Hippolyte, né en 1813, mort en 1878, notaire à Saint-Gervais (1844-1862), marié, en 1853, à Eugénie Baret du Coudert, morte en 1870, fille d'Antoine et de Constance Géraud du Montel, dont Louise-Françoise-Alice, mariée, en 1875, à M. Charles-Emile-Ernest Caron, docteur en droit, avocat général doyen, près la Cour d'appel de Riom, chevalier de la Légion d'honneur, dont : Louis, né en 1876, Charles, né en 1882. XI Louis Bottes, né en 1810, mort en 1859, épousa Marie Dufal, dont : 1° Michel, né en 1845, marié, en 1873, à Marie Lemercier de Maisoncelle, dont : Marcel, né en 1877 ; Louis, né en 1883 ; 2° Françoise, religieuse ursuline, à Clermont-Ferrand. Armes, d'après un vieux cachet de famille : *d'argent, à 3. merlettes de sable, posées 2 et 1.*

BOTTES

Breschard-Grand. — Annet Breschard épousa Julie Deval. il eut entr'autres enfants, Michel, juge de paix, licencié en droit, conseiller général, époux de Marie-Palmyre Grand, dont Anatole, mort à l'école de Saumur ; Emma, célibataire ; Lucien, ingénieur des mines ; Léon, licencié en droit, mort en 1889. (Voir la notice la *Gorsse* du Dictionnaire).

Chaffraix. — Vers 1687, Jacques Chaffraix était *pellaut* ou *pelaud*, c'est-à-dire marchand de peaux non tanées. Or, à une époque reculée, Saint-Gervais faisait un grand commerce de pelleterie fort estimé. Les Chaffraix furent donc des pelletiers importants et imprimèrent un essor considérable à ce commerce. Les représentants de cette vieille famille sont très honorables.

Chardonnet. — Haute bourgeoisie de Saint-Gervais. Claude Chardonnet, bourgeois de Saint-Gervais, mari de Françoise Barthomivat, (1689) : sa fille, Catherine, épousa, le 16 janvier 1720, Pierre Barthomivat. Chardonnet, docteur-médecin, épousa, vers 1790, Mlle de Chabrol, dont le père était seigneur de la Fayette en 1789. Il eut Gervais, maire, notarié à Saint-Gervais, marié, vers 1830, à Adeline Boudaud du Chazal ; il est mort sans enfants, en 1864. Celui-ci eut pour héritier Mme Maurice, résidant à Hérisson (Allier). — D'autres branches, très éloignées de la précédente, comptent : l'abbé Chardonnet, né à Saint-Gervais, en 1828, maître de pension, curé de la Chaux, mort curé de Teilhet, en 1890 (voir *Biographie*) ; M. Gabriel Chardonnet, huissier ; M. Chardonnet, maître d'hôtel ; Mlle Marie Chardonnet, etc. — Autre branche des Chardonnet-Roganne, représentée par Mlle Clarisse Barsse, ancienne receveuse des postes à Pontaumur, domiciliée à Saint-Gervais ; les familles Paitre-Allègre.

Charvilhat ou *Charvillat.* — Bourgeoisie ; Jean Charvilhat, prêtre communaliste, 1646 ; Gaspard Charvilhat, notaire à Chapdes; Anne de la Roche, sa veuve résidait à Saint-Gervais, en 1683. Jean-Antoine Charvilhat, notaire royal, à Saint-Gervais, en 1694, bailli de Gouttières (1702-1729); Claude Charvilhat, notaire royal, à Saint-Gervais, bailli de Gouttières, fils d'Annet et de Louise du Puy, épousa, en 1729, Annette Beneyton, fille de Gilbert, seigneur de la Fayette. Gilbert Charvilhat, bourgeois de Saint-Gervais, 1720; Pierre Charvilhat, fils de Grégoire, marchand, et de Claude Lardif, épouse, en 1719, Gervaise Veysset. Charvilhat, vicaire de Saint-Gervais, 1730. Plusieurs Charvilhat, notaires à Bromont (P.-d-D.) de 1749 à 1876; Deux Charvilhat de Neuville, notaires à Cébazat et Blanzat, 1788-1825. Cette famille existe encore en Auvergne. Représentée, notamment. par M. Charvilhat-Thuel, adjoint à Espinasse; M. Charvilhat-Gory, ancien notaire à Bromont-Lamothe.

Clautrier. — Eugène Clautrier, né en 1809, fut conservateur des hypothèques à Strasbourg, décédé; son frère, l'abbé Blaise Clautrier, né en 1812, mort à Bourges, en 1890. Fils de Blaise Clautrier et de Mlle Mombrun; celle-ci fille du notaire de ce nom, à Saint-Gervais.

Colin. — Guillaume Colin, docteur-médecin et maire de Saint-Gervais, médecin-inspecteur de Châteauneuf-les-Bains, épousa, en premières noces, en 1789, Amable Vialette, fille de J.-B., notaire à Gouttières, et de Louise Archimbaud de la Garde, décédée sans enfants; 2° en 1795, Marie Goyon, de Riom, morte sans enfants.

Cousson. — Très ancienne famille, originaire d'Ayat; alliée aux Gravier, d'Ayat. Plusieurs furent, avec hauté loyauté, les hommes de confiance des du Mayet de la Villatelle.

Deslignères ou *Delignières* et *de Linières*. — Une tradition de famille dit que cette famille est une branche des nobles seigneurs de Lignières, près de Charensat (voir au *Dictionnaire*, le mot *Les Lignières*). Les Delignières habitaient déjà Saint-Gervais au XVIIe siècle, où ils étaient dans le commerce. Famille existante à Saint-Gervais.

Dufal. — En 1727, Jean Barthomivat, fils à feu Pierre, épouse Gervaise Dufal, fille de François et de Gervaise Pradelle. Descendants de la famille Dufal, de Saint-Gervais : MM. Bottes, Lemercier de Maisoncelle et sa sœur (sœur Sainte-Basile, religieuse aux Ursulines, de Clermont : Duron-Maison (des Arbres) ; les familles Peyrard (de Saint-Gervais) ; Le Lay et Cassiong (de Paris) ; Monseigneur Dufal (voir sa biographie). Mme Gilberte Bidon-Dufal (à Montaigut-en-Combraille), nièce de ce prélat, et sa sœur, Anne Dufal, née en 1814, épouse Grand ; Marthe et Clémentine Dufal, nièces de celle-ci.

Durel. — Bourgeoisie ancienne. Gervais Durel, greffier au baillage de Châteauneuf, 1630 ; Etienne Durel, diacre de l'église de Saint-Gervais, 1711 ; Jean Durel, bourgeois de Saint-Gervais, fils de Bravy et de Marie Solignat. Etienne Durel épousa Louise Faucon. Il eut : 1° l'abbé Etienne, qui suit ; 2° Anne, mariée à Jean-Antoine Géraud, seigneur du Montel, dont Constance, mariée, en 1809, à M. Baret du Coudert, dont sept enfants (voyez la notice Géraud du Montel, plus loin). L'abbé Etienne Durel, né à Saint-Gervais, en 1765, mort à Clermont-Ferrand, en 1849, vicaire général du diocèse de Clermont, etc. (voir le chapitre *Personnages dignes de mémoire*). Autres branches éloignées : Les Durel, de Contropeux, près Gouttières ; M. Durel-Amouroux, à Saint-Gervais ; les Durel, de la Peize, et antérieurement ceux de Châteauneuf-les-Bains.

Durif. — Très nombreuse et très ancienne famille, qui a fourni des médecins, des sergents royaux. L'abbé Garachon

DURIF

(voir *Biographie*), prétendait que l'importante famille de Maringues, de ce nom, en descendait. D'une branche, Antoine Durif, apothicaire à Montaigut-en-Combrailles, en 1690. Les armoiries de cette famille ont été enregistrées à l'Armorial général de France, en 1696 : *de sinople, à 2 pals d'or*. Les représentants actuels, à Saint-Gervais, sont en grand nombre.

Faucon. — Haute bourgeoisie. Pierre Faucon, notaire royal à Saint-Gervais, 1688. Pierre Faucon, conseiller du roi, président au grenier à sel de Saint-Gervais et Menat, bailli de Miremont, 1703-1720. Son fils Gilbert, épousa, en 1719, Anne Beneyton, fille de Gilbert, seigneur des Saignes et de la Fayette. Famille éteinte du nom ; toutefois, elle est représentée, à Saint-Gervais par Mlle Clarisse Barsse.

Faure. — Bourgeoisie ancienne. Michel Faure, bourgeois de Saint-Gervais, possédait le domaine d'Yvon, 1685. Gervais Faure, fils de feu Bertrand et petit-fils de Gervais, bourgeois de Saint-Gervais, 1688; Grégoire Faure, greffier, époux d'Antoinette Aubignat, 1723 ; Anne Faure, mariée, en 1698, à Pierre Barthomivat, seigneur de Neufville; et, en secondes noces, elle épousa un Géraud du Montel, dont un fils marié à une Beneyton des Saignes, dont Jacques, marié à une Durmignat, qui eut 19 enfants, parmi lesquels Jean-Antoine, marié à une Durel, sœur de l'abbé Durel (voir page 109), dont Constance, mariée en 1809, à M. Baret du Coudert, dont 7 enfants (v. page 106). Jean Faure, notaire

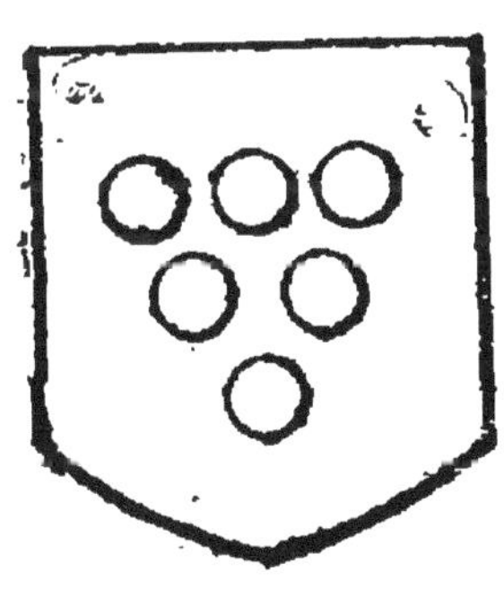
FAURE

royal à Saint-Gervais, 1750-1778. Un Faure fit enregistrer, en 1696, ses armes à l'Armorial général, *d'azur, à 6 besants d'argent, 3, 2 et 1.*

Favier. — Très ancienne bourgeoisie. Gervais Favier, bourgeois de Saint-Gervais, en 1726, épousa Geneviève de Fincelles. La dernière descendante, Louise Favier, épousa M. Lasteyras, fabricant de coutellerie à Thiers, dont : 1° Gervais, député du Puy-de-Dôme, en 1849, marié à Mlle Lasteyras (de Menat), décédé sans enfants ; 2° M. Lasteyras, fabricant de coutellerie à Thiers, marié, père d'Anaïs, épouse de M. Tournilhac ; 3° Félix, marié à Mlle Tixier (de Saint-Pont, près Gannat), père d'un fils. En 1696, Antoine Favier, avocat, bailli du Moustier de Thiers, fit enregistrer ses armes, à l'Armorial général de France, *d'azur, à la bande d'or, accompagnée de 2 étoiles en chef et d'un croissant de même en pointe.* Les deux derniers représentants directs de cette famille, dont l'un officier de cuirassiers, furent tués à Waterloo, en 1815. (Note communiquée par M. J. Dufal).

FAVIER

Gaby. — Ancienne famille. Antoine Gaby, curé de Saint-Cirgues, 1629 ; Bertrand Gaby, huissier à Grandval, 1687-1721. Une branche habitait le village de Corps, près Saint-Gervais, en 1694 ; d'elle descend directement l'abbé J.-B. Gaby, actuellement chanoine honoraire de Galveston (Texas), né à Saint-Gervais, en 1828, d'abord aumônier du Bon-Pasteur, à Moulins, puis curé de Saint-Yorre, près Vichy, nommé en 1880, curé de Sussat (Allier) ; sa sœur Elisabeth Gaby, mariée à Sébastien Viple, huissier à Manzat. Cette famille sort, très anciennement, du village de Gaby, commune d'Ayat.

Géraud. — Seigneurs de Montel. Le fief du Montel est situé tout près de Manzat. Cette famille, originaire d'Aurillac, se fixa au Montel, au XVIe siècle. Jean Géraud du Montel fit bâtir, en 1632, une maison à Saint-Gervais. Il eut Jacques, seigneur du Montel, marié à Marie Beneyton, vers 1670, dont Antoine, seigneur du Montel, marié en 1713, à Anne Faure, veuve de Pierre Barthomivat, seigneur de Neufville, dont Jean-Antoine, seigneur du Montel, marié, en 1748, à Jeanne de Durmignat, dont Jean-Antoine, seigneur du Montel, notaire à Saint-Gervais, de 1778 à 1790, mort à Manzat, en 1793, marié à Anne Durel, dont Françoise-Constance, mariée en 1809, à M. Baret du Coudert, dont postérité. Elle est la dernière de son nom. Ses enfants furent : 1° Auguste, mort en 1871, marié à Marie Vallière, dont A. Anatole, juge de paix ; Alexandrine, épouse du docteur Jaciensky ; 3° Louise, épouse de M. Paulier, notaire ; 2° Louis, conseiller à la Cour d'appel de Paris (✠), mort en 1880, marié à Joséphine Rozier, dont Simonne, femme de Léon de Neel, président du Tribunal civil de Falaise ; 3° Alexandre, ancien juge de paix ; 4° Stéphanie, marié à M. Beaulaton, mort en 1877 ; 5° Eugenie, morte en 1870, mariée à M. Bottes, notaire à Saint-Gervais, mort en 1878.

Gouzonnat. — Ancienne famille originaire de Montaigut-en-Combrailles. Un docteur-médecin, Claude Gouzonnat (à Blot-l'Église. Madame Gouzonnat-Védrine. Alliée à l'ancienne famille Boulon.

Grand — Bourgeoisie ancienne. François Grand, bourgeois de Saint-Gervais, 1717. Charles Grand, chirurgien audit lieu, épouse de Gilberte Aubignat, 1731. Marie Barthomivat, fille de Pierre, seigneur de Neufville, épousa, en 1727, François Grand, bourgeois. En 1891, Madame Grand, légua à l'Hôtel-Dieu de Clermont-Ferrand 2650 francs, et, à l'église de Saint-Gervais, une cloche qu'on appelle *la Jeannette* (nom de baptême de Mme Grand. Gilbert-Victor Grand, notaire à Saint Gervais, 1800-1825, épousa en 1res noces Mlle Mazeron du Bladeix, et en secondes Mlle Jabouille. Du 2e lit : 1° Victorine, épouse de M. Manzat-Laroche, maire, conseiller général, notaire à Menat, dont : A. Charles, conseiller général, maire, notaire ; B. Marie, épouse de M. Tézenas du Montcel, receveur des finances ; 2° Palmyre, femme de Michel Breschard, juge de paix, conseiller général, etc., dont postérité.

Lelong. — Très vieille bourgeoisie. Antoine Lelong, bourgeois, 1685. Lelong, contrôleur du bureau d'enregistrement, 1710-1712. Grégoire Lelong, notaire à Saint-Gervais, 1715-1745, épousa Anne d'Alleyrat ; leur fils Gervais épousa, en 1730, Gervaise Saby. Gilbert-Marien Lelong, praticien à Saint-Gervais, 1730-1733. Cette honorable famille est représentée par M. Lelong, lieutenant-colonel du 21e d'artillerie. à Angoulême, propriétaire de l'ancienne abbaye de Bellaigue, et ses deux frères ; par M. Démonteix, conseiller général, à Pionsat, époux de dame Lelong ; les familles Martin-Lelong.

Madebène. — Cette ancienne famille a résidé, depuis 1640, à Biollet, mais l'un de nous, un de ses descendants directs, supprime volontiers toute généalogie, en objectant qu'une filiation complète occuperait par trop de place dans un livre aussi restreint. Contentons-nous de dire que cette famille, primitivement originaire d'Irlande (*Mas de ben* ; Maison de bien), puis d'Ambrugeac (Corrèze), a fourni des notaires, des juges de Paix, trois *suppléants successifs, de* 1820 *à* 1887 ; un maire à Espinasse, d'autres à Biollet En 1827, sur la proposition du marquis d'Ambrugeac, pair de France, *Charles X* fit proposer à Henri Madebène, le titre de *baron*, que celui-ci crut devoir décliner respectueusement en objectant que sa situation présente de fortune était, momentanément, en contradiction avec le port d'un titre nobiliaire.

Maison. — Etienne Maison, résidant à Saint-Gervais, 1698. Etienne Maison, pharmacien, maire, (neveu de l'abbé Maison, ancien curé de Menat, mort curé de Saint-Cerneuf de Billom, chanoine honoraire. Celui-ci prit une part active au volume de l'abbé Rougeyron, curé de Menat, sur l'abbaye de Menat.) Etienne épousa Françoise Gidel-Cromarias, dont Michel et Sophie. (voir familles Vialette, Gidel, Cromarias, Parrin). M. Etienne Maison fit, en 1883, don à la ville de Saint-Gervais d'une belle avenue qui, en toute équité, devrait porter son nom ; nommé suppléant du juge de paix en 1887, en remplacement de M. Madebène, décédé.

Martin. — Tous les Martin qui habitent le canton de Saint-Gervais ont une souche commune. Jean Martin, curé de la Celette, 1733. Marius Martin, né à Charensat, actuellement député de la Seine. Gilbert Martin, épousa Alexis Veysset, dont Gilbert, marié à Alexis Chabassière Mombrun, dont : A. Mélanie, épouse de J.-B. Baisle ; B. Henriette, religieuse de Saint-Vincent-de-Paul ; C. Gilbert, marié à Elisabeth Sersiron ; 2° Michel, marié à Mélanie Vialette-Archimbaud ; 4° Amable, docteur-médecin, marié à Mélanie Wargoutz-Gory, dont Augustine, épouse d'Henri Madebène, notaire, licencié en droit.

Masson. — Famille très nombreuse dans le canton. Marc Masson, mort en 1890, élève distingué de l'Ecole des Arts et Métiers d'Aix, repose dans le cimetière de Saint-Gervais, où ses camarades lui ont élevé une petite colonne de marbre. Famille alliée à celles des Gory, aux Roux (d'Artonne), Amoroux, etc.

Merilhon. — (Voir *Médaillés de Sainte-Hélène.*) M. J.-B. Merilhon prétend que sa famille est originaire de Besançon.

Meissonnier ou Meissonier — Cette famille a fait preuve d'intelligence de race. 1° Il est de tradition qu'un Meisonier, né à Saint-Gervais, a été s'établir à Besançon, et que c'est de lui que descend l'illustre peintre Meissonnier, membre de l'Institut, né à Lyon vers 1813, mort en 1891. D'une autre branche, un Meissonnier, lequel eut pour enfants, à Saint-Gervais: 1° Robert, décédé très-âgé, à Saint-Gervais; 2° une fille épouse de M. Garachon, père et mère de l'abbé Garachon, curé de Maringues, dont nous donnons la vie et le portrait; 3° une Meissonnier, mariée à M. Bignon, de Theneuille (Allier), dont elle eut: 1° Louis Bignon, qui a tenu longtemps à Paris, les célèbres Café Foy et Café Riche, où il a fait une grande fortune, ce qui ne l'a pas empêché de s'occuper d'agriculture et de fonder la magnifique ferme-école de Theneuille (Allier), ce qui lui a valu d'être fait officier de la Légion d'Honneur; il est, de plus officier d'Académie, chevalier d'Isabelle la Catholique et, depuis 1850, a obtenu une foule de médailles d'or et les plus hautes récompenses, à toutes les grandes expositions, notamment le grand prix à l'Exposition universelle de Paris (1867), la prime d'Honneur (1885); président de l'Union syndicale des Restaurateurs de Paris (1876-1890), etc. etc. Il a eu 3 fils: A. Louis, licencié en droit, chevalier de la Légion d'Honneur, officier du mérite agricole et conseiller général, maire de Theneuille, agriculteur distingué; il a tenu également le café Riche à Paris, et a 2 filles: B. Jules-Jacques, docteur-médecin, chevalier de l'ordre de Saint-Stanislas (Russie), administrateur de l'hôpital de Vichy, etc., père de 2 fils; C. Jean, ingénieur des Arts et Manufactures, médaille d'or de la Société Nationale, etc., père d'une fille, 2° Jules-Jacques Bignon, qui a tenu le Café Foy, à Paris, où il a fait une brillante fortune, il a : A. Georges, licencié en droit, ancien restaurateur (Café Foy); B. Eugène, attaché au ministère de la Marine, décoré du Cambodge. A Saint-Gervais, la famille Meissonnier est représentée par Mme Nouhen-Durif.

Meunier-Durif. — Eugène Meunier, maire de Saint-Gervais épousa Marie Durif, dont un fils, docteur-médecin à Saint-Gervais, dont le mérite et le talent sont reconnus.

Mombrun. — Ancienne bourgeoisie. Gilbert Mombrun, chirurgien, 1685; Jean Mombrun, chirurgien, 1718. épousa Mlle Amizon. Blaise Mombrun, notaire royal à Saint-Gervais, 1746-1781, et lieutenant général au baillage de cette ville; Gervais Mombrun, notaire audit lieu, 1782-1814. Les représentants de cette famille sont : M. Mombrun (frère de M. Mombrun, curé de Combronde), résidant à Saint-Gervais, il laissa : 1° Michel, qui laissa : A. Louis, ancien conseiller d'arrondissement, résidant à Nevers; B. Gustave, mort en 1878; C. Louise, épouse de Gustave Treich-Laplène, neveu, par sa mère, de l'historien Dulaure et notaire à Ussel, mort en 1882 à l'île Mayotte, où il était président du Tribunal, dont Marcel, explorateur distingué, résident de France à la côte occidentale d'Afrique (à Grand Bassam), mort le 9 mars 1890, à 29 ans; c'est lui qui, en 1887, retrouva, en Afrique, le capitaine Binger; une fille, épouse de M. Auboyer (à Roanne), 2° un fils, qui fut père de A. Michel, propriétaire du

LOUIS BIGNON

Né à Hérisson (Allier), le 26 juin 1816, ancien propriétaire du *Café Riche*, éminent agronome (Grand Prix de l'Exposition Universelle de Paris en 1867), officier de la Légion d'honneur, etc. Sa mère, une Meissonnier, est née à Saint-Gervais-d'Auvergne.

grand hôtel Mombrun, à Vichy, mort le 27 octobre 1884 ; il a laissé deux fils : Jean-Baptiste et Annet-Joseph, et une fille, Claudia, mariée, en 1871, à M. Giboin, capitaine d'artillerie ; B. Léger-Alphonse, établi à Lyon, mort en juillet 1884, père d'un fils et de deux filles (le fils réside à Madrid, Espagne) ; C. Antoine, mort célibataire. L'abbé Mombrun mourut curé de Jozerand, après 1831 ; il avait un neveu, Gervais, notaire, 1848-1858, maire, mort en 1873, et une nièce, épouse de M. Démonteix, notaire et conseiller général à Pionsat. Autres représentants : le lieutenant-colonel Lelong ; M. Lucien Bouyon ; la famille Chaffraix ; M. Lelong, (de Pionsat).

De Neuville, jadis *de Neufville.* — Cette famille est l'une des plus anciennes de Saint-Gervais. Elle possédait la seigneurie de Neuville (aujourd'hui de Neufvialle), près de Saint-Gervais, et les étangs Philippe, des Anguilles, des Mayeux ou de Mayet (d'où le poisson qui fait partie de son blason). Les armoiries des de Neuville sont : *d'azur, à la croix d'or portant une fleur de lys de gueules ; sur la croix, une barre de gueules portant un poisson d'argent.* Couronne : *de comte.* Devise, qui est une invocation à Saint-Gervais et à Saint-Protais : *S. S. Gervasi novam urbem protegant* ! En 1260, Eldin de Neuville possédait des droits féodaux dans les paroisses de Saint-Gervais et de Saint-Priest et à Termes ; il en rendit foi-hommage au prince Alphonse (*Spicilegium Brivatense,* p. 67.) En 1502, François de Neufville était l'un des consuls de Saint-Gervais. En 1594-1601, Elisabeth-Claude de Neuville était supérieure des bénédictines de Saint-Julien-la-Geneste. Pierre de Neuville, prêtre communaliste de Saint-Gervais, 1646 ; Jacques de Neuville, marié à Anne de Lignières, 1730 Charles de Neuville, capitaine de la maré-

DE NEUVILLE

chaussée, 1780. Représentants actuels: Jean de Neuville, organiste de l'église de Saint-Gervais ; M. Hector Duvivier de Neuville, employé à la préfecture de la Seine; M. Hugot de Neuville, négociant à Paris; M. Jéchoux de Neuville, employé au ministère de l'Agriculture, décoré de la médaille militaire; M. Hector Duvivier, est le neveu du général Duvivier, tué, en 1848, sur les marches de l'Hôtel-de-Ville de Paris, dans l'insurrection de juin. Ce général s'était illustré en Afrique.

Nony. — Bourgeoisie. Annet Nony, curé de Chambonnet, 1705-1725. Me Gervais Nony, vivant à Saint-Gervais en 1785, épousa Marie Rouderon. Il eut 9 enfants, entr'autres: Pierre, marié à Adelaïde Deval, dont Germaine-Françoise, mariée à Laurent Grand-Boudaire, dont Jeanne-Elisabeth, mariée à Antoine-Marie-Hilaire-Gustave Bonnefoy, dont Georges, ancien notaire à Thiers. Une branche compte François Nony, qui, enrolé comme volontaire, en 1792, fit la campagne d'Italie et d'Egypte; libéré, à la suite d'une blessure, il se retira à Saint-Gervais et y mourut en 1841 ; il avait épousé, vers 1806, Madeleine Sagoux, dont il eut: 1° François, commissaire de police à Boulogne-sur-Mer, puis commissaire de surveillance administrative, au chemin de fer d'Orléans, mort en 1874, laissant de Jeanne Boutiron, sa femme, Alexandre Nony, libraire-éditeur à Paris, officier d'Académie; 2° François, né en 1818, agent-voyer principal à Ambert marié à Antoinette Bonnabaud, dont il a Jules, mort en 1883, lieutenant de génie, âgé de 28 ans, et Gabriel, né en 1866, lieutenant d'artillerie à Clermont, ancien élève de l'école polytechnique.

Nouhen. — Très-ancienne famille (voir Espinasse.)

Paitre. — Très ancienne famille de Saint-Gervais. Alliée, jadis, à celle des Mandet (fort ancienne), à Menat, et à la famille Allègre.

Parrin-Maugue. — Bourgeoisie dès 1640, au Chier, près Gouttières. Gervais Parrin, seigneur du Chier, 1659. Gervais Parrin, curé-archiprêtre de Gouttières, 1701. Philippe Parrin, juge de paix à Saint-Gervais, épousa Mlle de Douhet de Pradat, dont un fils marié à Mlle Cromarias, dont Philippe, décédé, et Joséphine, épouse de M. Maugue, receveur de l'enregistrement à Saint-Gervais.

Payrard. — Famille ancienne (voir Saint-Julien). Gervais Payrard, curé de Servant, 1740.

Perol. — Un village du canton porte ce nom. En 1692, des Perol étaient propriétaires à Mazières. Une branche vint à Saint-Gervais, en 1706 Des prêtres communalistes, des notaires, des maires.

Pradelle. — Très ancienne famille. Sebastien Pradelle, curé de Saint Gervais, 1769. Gervais Pradelle, fils de Sébastien et de Marie Lelong, épousa, en 1785. Gilberte Saby, fille de Léger et d'Anne Dufal. Représentée par : 1° Jules-Sébastien Pradelle, ancien maire de Saint-Gervais, ancien juge de paix, époux d'Adeline Tixier ; 2° Edouard Pradelle, agent-voyer principal à Riom, mort en 1890 ; M. Meunier, maire, et son fils, le docteur Meunier ; les familles Boudol, Masson, Dufal, Robert, Martin, Thomas ; le docteur Aubel (de Montaigut-en-Combraille), etc., Dufal (Hippolyte), conducteur des ponts et chaussées, l'un des brillants anciens élèves du Pensionnat des frères de Clermont-Ferrand.

Pracros. — Ancienne bourgeoisie. Originaire du lieu de Pracros, commune de Gouttières. Bravy Pracros, bourgeois, demeurant à Pracros, fils de feu Gilbert, procureur fiscal, à Gouttières, 1698. Pierre Pracros, fils à Gilbert et à Jeanne Combayon, bourgeois,. habitant Pracros, épousa une Parrin, fille de Jean, en février 1699. François Pracros, bourgeois, établi à Ebreuil, 1723; Jean-Marien Pracros, bourgeois, résidant à Gouttières, fils de Pierre et de Marie Parrin, épousa, en 1734, Gilberte Charvilhat. Un notaire (v. précédemment); un médecin (Pracros-Visignol). Représentants : Pracros-Roudaire; Vieillard; Bottes; Saby de Lignères, etc. De M. Pracros notaire à Saint-Gervais (1778-1817), descend, uniquement, M. Pracros (du Mayet-d'Ecole).

Rouchon. — Ancienne bourgeoisie. Me François Rouchon, 1646, (à Saint-Gervais). Une branche se fixa à Combronde, Un Rouchon, de Combronde, épousa Marie de Lignières (de Saint-Gervais), dont 8 enfants, 5 filles, 3 garçons, entr'autres : 1° l'abbé Joseph Rouchon, prédicateur distingué, poète, aumônier de l'hôpital général de Clermont, mort curé de Bouzel, le 19 mars 1871; 2° une fille, épouse de M. Teytard, conseiller municipal de Saint-Gervais; 3° Jeannette, épouse de M. Grand, qui fit un don important à l'Hôtel-Dieu de Clermont et qui légua une cloche à l'église de Saint-Gervais, en 1819, dite la *Jeanuette* (prénom de Mme Grand). La branche, de Combronde, est représentée par Michel Rouchon, ex-maire et conseiller général de Combronde; l'abbé Rouchon, curé de Saint-Jean-en-Val; André Rouchon, élève ingénieur de l'école des mines, à Saint-Etienne. Les armes des Rouchon, enregistrées à l'*Armorial général*, en 1696, sont : *d'azur, à un lapin d'argent.*

ROUCHON

Saby. — Très ancienne famille originaire de Saint-Georges-de-Mons. Nombreux représentants. (A possédé le château de Gourdon, près de Saint-Georges.

Sersiron. — Seigneurs de la Besse, de Condat. Originaire du Montel-de-Gelat, où Marien Sersiron était bailli en 1738. Il avait un frère appelé Michel François Sersiron fut en 1744-1754, greffier en chef du bureau des finances de Riom, bailli de Pontgibaud; de lui descendent les Sersiron, établis à Pontgibaud. Armoiries: *d'azur, au cerf d'argent, ramé d'or, passant sur une branche de feuillée d'or, figée de sinople, accompagné à senestre de 2 cœurs et d'une étoile d'or et, à dextre, d'une mouche de même.* Branche à Saint-Gervais. M. Sersiron, époux de Sophie Batisse, eut: 1° Félicie, épouse Sauret, dont un fils Félix. 2° Antonine, religieuse de Saint-Vincent-de-Paul; 3° Antoine, notaire à Montaigut, décédé 4° Achille, sous-officier, décédé; 5° Elisabeth, femme de Gilbert-Martin, greffier; 6° Clarisse, épouse de M. Pouchol, juge de paix à Pionsat; 7° Estelle, épouse d'Antonin Juge greffier, décédée en 1892.

SERSIRON

Tixier — (Voir à Saint-Priest-des-Champs, au *Dictionnaire* final.)

Toulemont — Cette famille compte un consul de Saint-Gervais, au XVIIIe siècle. Elle est représentée par M. Charmette, banquier à Saint-Gervais, et ses deux fils, ainsi que par M. Toulemont-Bougerol.

Veysset. — Famille de très-vieille bourgeoisie. Son berceau est Saint-Sauves, près le Mont-Dore, où elle possédait le fief du Jansonnet. Michelle Veysset épousa, vers 1690, René de la Tour d'Auvergne, seigneur de Planchat, de l'illustre maison de ce nom. François Veysset, bourgeois de Saint-

Gervais, épousa Marguerite de la Roche, morte en 1717. Leur fille Gervaise, fut mariée, en 1719, à Pierre Charvilhat. Jacques Veysset, percepteur, premier conseiller général de Saint-Gervais, en 1830, eut 10 enfants. Les représentants sont, actuellement : Martin-Lelong ; Martin-Sersiron ; Madebène-Martin ; Chaffraix ; Meunier-Durif ; Durif (James) ; Messieurs Viple (de Châteauneuf-les-Bains) ; Baisle-Martin ; Grand-Veysset ; Veysset (de Menat) ; Chassignoles. En 1696, les armoiries de cette famille furent enregistrées, à l'*Armorial général* de France : *d'or, à une aigle d'azur.*

VEYSSET

Vialette. — Très-vieille bourgeoisie, originaire de Gouttières. Etienne Vialette, était, en 1420, receveur des rentes du baron de Crocq. Filiation. Jean Vialette, notaire royal, bailli de Gouttières, (1691-1733), épousa en 1res noces Marie Cartier et, en secondes, Catherine de Senneteire, fille de Philibert, seigneur de Bunleix (de l'illustre maison de ce nom). Du 1er lit Etienne, auteur de la branche portée ci-dessous (Branche A.) ; du 2me lit : François-Xavier, chirurgien, greffier du 1er chirurgien du roi, au collège de chirurgie, à Riom, chirurgien trimestriel de l'Hôtel-Dieu de cette ville, (1740), décédé en 1784, époux de Marguerite Aubertin, dont 6 enfants, entr'autres : 1° Jean-Amable, chirurgien à Riom, en 1783 ; 2° Marie, femme de Louis Messeix, changeur général pour le roi (1784), puis receveur particulier des finances à Riom. mort sans enfants ; 3° Etienne, chef des bureaux du district de Riom, puis de la sous-préfecture, décédé en 1819, marié à Michelle Frenays (dont un ancêtre avait épousé la sœur cadette du célèbre Jean Soannen, évêque de Senez) ; de cette union : François-Xavier, marié à Riom, à Zenaïde Beaudeloux, dont B. Annet-François-Victor, actuellement, juge de paix à Saint-Flour, célibataire ; C. M.-Ant-Mélanie, morte en 1881, époux de M. Gineys, négociant à Riom. — *Branche A.* Etienne Vialette, notaire à Gouttières, en 1733-1778, bailli de ce lieu, lieutenant général de la châtellenie de Menat, mort en 1782, épousa Gabrielle Bichon ; il eut Jean-Baptiste. avocat au parlement, châtelain de Châteauneuf, Menat ; Beauvoir, notaire à Gouttières, 1757-1772, décédé en 1774, marié en 1res noces à Marie Bichard ; en 2e noces, à Louise Archimbaud de la Garde ; du 1er lit Etienne, époux de Marie Roudaire, dont Catherine-Gilberte, femme de Joseph-Jean-Bastiste Baisle, notaire à Saint-Priest (voir au mot *Saint-Priest*, du *Dictionnaire*, la descendance), du 2e lit, J.-B. Vialette, laissa : 1° Marie, mariée à Etienne Vialette, fils de François-Xavier. *Branche B.* : 2° Amable, femme de Guillaume Colin, docteur-médecin (voir page 108) ; 3° Françoise, femme de Léger Astaix, dont Marie-Julie, épouse de Simon-Martial Culhat, dont un fils marié à Mlle Pellissier de Féligonde. — (*Branche B.*) François-Xavier Vialette, qui se rattache à cette famille, notaire à Saint-Gervais, de 1777 à 1801, épousa Antoinette Visignol, fille de Jean. médecin, et d'Anne de Senneterre (celle-ci de l'illustre maison des seigneurs de Bunleix). Il eut 1° un fils médecin, marié à Condat, dont une fille Sophie, mariée à M. Girard, médecin, et la vicomtesse de Lagaye ; 2° Etienne qui suivra ; 3° Françoise-Marie, femme de Jean Gaillard, vérificateur de l'enregistrement, dont A. Auguste, notaire à Chamalières, marié à Marie Pelissière, dont Emile, marié à Emilie Planeix ; B. Célina, épouse Renault-Montéléon ; 4° Gilbert-Marie, notaire à Saint-Gervais, de 1801 à 1829, marié à Marie Grand, morte sans enfants. Etienne Vialette, (fils de François Xavier et d'Antoinette Visignol), épousa Marie Vialette, fille de J.-B et de Louise Archimbaud de la Garde, il était receveur de l'enregis-

VIALETTE

trement et laissa : A. Jeanne-Marie, dite Mélanie, mariée en 1822, à Michel Martin ; B. Caroline, mariée, vers 1815, à Philippe Josset des Molles, dont Stéphanie, mariée à Charles Berthomier de Lavilette, dont Mélany, mariée à Abel-Auguste Bergeron de Charon, dont René et Simonne. Les armoiries des Vialette, portées sur un cachet ancien (de 1760 environ) sont : *d'or, au chevron d'azur, accompagné de 3 violettes, avec leur tige de même.*

Villiet. — Amable Villiet (d'Ebreuil), épousa, en 1808, Jeanne Grand, de l'ancienne famille de ce nom (v. pag. 112); il eut Amable, agent de change, né en 1809, mort en février 1892, marié à Hortense Enezard, dont Amélie, mariée, en 1860, à Louis Drelon, administrateur des mines de Messeix, décédé en 1891, dont : A. Félix, né en 1861, docteur en droit, avocat à Paris, et B. Clotilde, née en 1863, marié à Louis Baudry, directeur actuel des mines de Messeix.

PERSONNAGES DIGNES DE MÉMOIRE

Durel (l'abbé Etienne), né à Saint-Gervais, le 9 octobre 1765, d'une honorable famille de ce lieu. Termina ses études chez les Oratoriens, de Riom, vicaire de Billy, en Bourbonnais (1789). Se cacha, près de Clermont, pendant la Terreur; il fut découvert et jeté en prison; mais il parvint à s'échapper et gagna la frontière. Revint à Clermont en 1802, où il devint régent du collége de cette ville. De 1811 à 1814, il fut professeur au grand séminaire du diocèse de Clermont; puis professeur de rhétorique au petit séminaire de Clermont. Il était en même temps, aumônier des religieuses du Bon-Pasteur, à Clermont. Chanoine titulaire de la Cathédrale de Clermont; vicaire général du diocèse. Vicaire capitulaire pendant la vacance du siége épiscopal. Supérieur de la Congrégation du Bon-Pasteur, à Clermont. Il mourut subitement, agé de 84 ans, le 2 juillet 1849.

L'ABBÉ ÉTIENNE DUREL

Vicaire général du diocèse de Clermont,
Aumônier et supérieur de la Congrégation des religieuses
du Bon-Pasteur,

Né à Saint-Gervais, le 9 octobre 1765 ;
Mort à Clermont-Ferrand, le 2 juillet 1849.

Chardonnet (l'abbé Jean). Né en 1828. à Saint-Gervais. Descendant de l'ancienne famille de ce nom. D'abord professeur au Petit séminaire de Clermont-Ferrand. Il fonda à Saint-Gervais, un célèbre pensionnat qui compta jusqu'à 100 élèves (1860). Sur sa demande, il fut nommé curé de la nouvelle paroisse de Lachaud-lès-Bains (1869). Décédé curé de Theillet, en 1890. Il a formé des élèves distingués, dans le clergé: les abbés Tixier, Blanc, Chardonnet, Parisse, Delaroche, Viple, Gayet, curés dans le diocèse. C'est dans son pensionnat que fut professeur de réthorique (1863). M. François Chassagnette, lequel forma d'excellents élèves. Aux obsèques de l'abbé Chardonnet, il y avait plus de 800 personnes, toutes les notabilités des cantons de Saint-Gervais et de Menat. Ce fut un homme de bien par excellence.

Garachon (l'abbé Charles). — Né à Saint-Gervais, en 1832. Prêtre modeste, charitable et savant, remplit, pendant 25 ans. les fonctions de professeur de rhétorique, au Petit-Séminaire de Clermont. Ses élèves ont gardé de lui, un grand souvenir. Sa parole, claire, vive, originale, pénétrait les cœurs et instruisait. Comme prédicateur, il eut de grands succès dans la chaire de la cathédrale de Clermont. Ses sermons étaient éloquents et frappaient ceux qui les entendaient. On cite de lui, un trait sublime: Un malheureux lui demande, un jour, quelque argent pour acheter un matelas, sa femme malade reposait sur un misérable grabat; le prêtre répond: « je n'ai rien à cette heure; revenez à minuit et frappez doucement à la porte de la rue ». A minuit, le pauvre recevait le matelas, qu'il n'avait osé demander. Nommé curé de Maringues, il y a laissé le souvenir impérissable de sa charité, et de ses bienfaits. Il y est mort à la tâche, en novembre 1891, pleuré et regretté. Sa biographie abrégée a été donnée dans la *Semaine religieuse* (publiée à Clermont-Ferrand) et dans le journal la *Dépèche*.

L'ABBÉ CHARLES GARACHON

Né à Saint-Gervais, en 1832; mort en 1891.
Curé de Maringues.

otabilités Contemporaines. — Dufal (**Pierre**), évêque de Delcon, chanoine d'honneur de Clermont et de Langres, né à Saint-Gervais, le 8 novembre 1822, de Pierre Dufal et de Françoise Gaby. Il fit ses humanités au petit séminaire de Clermont-Ferrand ; passa au grand séminaire de Montferrand. Entra (1849) dans la Congrégation de N.-D. de Sainte-Croix, du Mans, dont le but est l'enseignement et les missions étrangères. Professeur dans le séminaire de la Chapelle Saint-Mesmin, près d'Orléans (1852), fondé par Monseigneur Dupanloup ; y resta 3 ans. Envoyé, ensuite, à Rome pour présider un orphelinat avec institut agricole, que Pie IX venait de fonder. Envoyé (1858) dans la Mission du Bengale oriental, érigée par le Saint-Siège en vicariat apostolique. Elevé (1860) à la dignité épiscopale sous le titre d'évêque de Delcon. Il continua son œuvre jusqu'en 1878, c'est-à-dire 20 années ; alors, accablé d'infirmités, il rentra en Europe. Il a siégé, en 1869-1870, au concile œcuménique du Vatican. En 1888, il fut envoyé en Amérique, au diocèse de Galveston (Texas), où il est resté deux années. Les armes de ce prélat sont : *d'azur, à 2 ancres d'argent en sautoir, la pointe en bas ; à la croix d'or, rayonnée d'argent brochant ; au franc canton dextre d'argent, à la croisette de gueules.*

Teytard (l'abbé), né à Saint-Gervais, le 18 décembre 1828, ancien professeur au Petit-Séminaire de Clermont, ancien aumônier des Ursulines de cette ville, actuellement, chanoine honoraire de Cahors et de la cathédrale de Clermont, curé d'Aubière (Puy-de-Dôme), etc. Il a formé, à Saint-Gervais, un véritable musée privé, composé d'une foule d'objets précieux. Citons, entr'autres : un buffet Henri II ; une table Henri II ; trois chaises et un fauteuil Henri II ; une étoffe du XVIe siècle de grande valeur ; une porte d'un meuble ayant appartenu à Diane de Poitiers, deux bracelets renaissance

MONSEIGNEUR PIERRE DUFAL

Evêque de Delcon, ancien vicaire apostolique du Bengale.
Né à Saint-Gervais, le 8 novembre 1822.

formés d'agathes fines, variées et entourées d'or ; un splendide lit à colonnes ; un ameublement Louis XIII complet ; une stalle où s'est assis l'illustre cardinal Richelieu ; une armoire Louis XIII ; un buffet à crédence, etc. ; vieux tapis Louis XIII (point de Hongrie) ; de magnifiques meubles de l'époque Louis XIV ; des tableaux anciens, des livres rares et curieux ; plusieurs Christs anciens, etc., etc. C'est un fin connaisseur d'objets d'arts et un érudit très sympathique.

Arnaud (l'abbé Gervais), né à Termes, le 9 septembre 1829. Prêtre distingué et fort instruit ; nature d'élite. Il fit ses études au Petit séminaire de Clermont (1841-1847) ; entra, en 1850, dans la Congrégation de N.-D. de Sainte-Croix du Mans, où l'attirait l'amour des livres et l'étude. Fut ordonné prêtre par Monseigneur Dupanloup, évêque d'Orléans (1858). Retenu à Nevers, en 1855, comme professeur, par l'évêque de ce diocèse qui venait de fonder le séminaire de Saint-Cyr (actuellement prospère), depuis 1880, curé de Garchy et de Buley (Nièvre). La reconnaissance (un doux devoir pour nous) nous oblige à dire, ici, que c'est grâce à ce prêtre, très savant et bienveillant, que les recherches de la commune de Biollet ont été si détaillées et si intéressantes. Il a, de plus, envoyé des renseignements précieux sur le canton de Saint-Gervais, en général. Sa *notice sur la paroisse et commune de Biollet* (manuscrite) mériterait d'être imprimée.

Sauret (l'abbé), né à Villerigoux, près de Saint-Gervais, en 1850, missionnaire résidant actuellement, au Japon, à Nangazaki ; prêtre très distingué, érudit. Il écrit et parle le japonais, comme le français. Auteur d'ouvrages en japonais, dont l'un sur la Création.

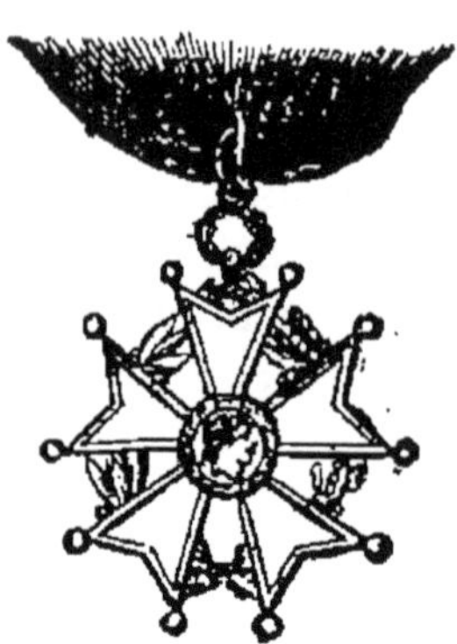

LÉGION D'HONNEUR. Les noms portés dans cette liste sont presque ceux de contemporains On trouvera, au Dictionnaire final, ceux qui, nobles et puissants, figurent dans la suite des fiefs et qui ont donné de brillantes illustrations à notre vieille France : les de Saint-Nectaire, les de Rochefort, les de Montagnac, les de Beaufranchet, les d'Ambrugeac, les de Pange, les du Mayet de la Vilatelle, etc. On les trouve parmi les chevaliers du Saint-Esprit, l'Ordre de Saint-Louis, portés sur la poitrine de ceux qui défendirent la France... Donnons, ici, ceux qui ont été décorés de la Légion d'honneur, savoir : PÉTAUD, capitaine en retraite (✱). Il vivait à Saint-Gervais en 1830. — NEUVILLE-MOMBRUN, capitaine en retraite (✱). Campagnes de la République et de l'Empire. Mort à Saint-Gervais, en 1840. -- SANNES (JEAN), (✱), de Croizet, commune d'Espinasse, lieutenant, décoré à Wagram, ensuite percepteur, mort en 1837. — CROMARIAS (FRANÇOIS), né au Vernadel, en 1778. Fils d'Annet et de Marie Bathiat, docteur-médecin, puis chirurgien-major au 2me régiment d'artillerie. Campagnes de Russie et celle d'Espagne. Chevalier de l'ordre de la Réunion et de Charles III d'Espagne. Membre de la société des sciences physiques, chimiques, de France. Mort le 31 août 1851. Décoré de la Légion d'honneur par le baron Larrey, à Iéna, au nom de l'Empereur. — BRUNIER, (de Bas de Lascot), officier, porte drapeau. Campagnes de Napoléon I ; décoré à Wagram par ordre de l'Empereur ; mort en 1855. — TABARDIN (de Saint-Gervais), commandant. Campagnes d'Austerlitz, de Wagram ; vivait en 1855 (✱). GRAVIER (de Buniers, près d'Ayat), ✱. Capitaine ; fit les campagnes de Napoléon et les guerres d'Espagne. — PAITRE (PIERRE), campagnes de 1812 à 1815 (✱) ; assista au passage de la Bérézina. Vivait en 1855. — GORY (JEAN), de Saint-Priest-des-Champs, sous-officier du génie ;

se trouva au siège de Constantine (1837). Décoré de la main du duc d'Orléans. Vivait en 1855. — REVON (JEAN), au château de la Vilatelle (C. ✻). Né à Chargeix, près Gray (Haute-Saône). Entré aux gardes d'honneur (1813); lieutenant (1814) aux gardes du corps, compagnie des cuirassiers (15 août 1852). Chevalier de la Légion d'honneur (1835); commandeur (29 décembre 1854). A fait, en 1813, les campagnes d'Allemagne; en France (1814); en Belgique (1831-1833) — DELAPERRIERE (EUGÈNE) né à Clermont-Ferrand, le 9 décembre 1832. Entré à l'école polytechnique; il en sortit officier de génie et s'occupa de la construction des chemins de fer algériens. En 1861, il entra dans le corps de l'intendance et devint intendant général. Fut nommé, à la suite de concours, professeur à l'école d'état-major puis à l'école de guerre; 2 ans directeur des services administratifs au Ministère de la guerre. Intendant militaire à Alger, à Clermont-Ferrand et, enfin, chargé de la direction des services de l'intendance du 6e corps d'armée, à Châlons-sur-Marne. Travailleur infatigable et éminent patriote. S'est fait un nom dans l'armée, par des ouvrages militaires très-estimés. Cet officier supérieur, aussi modeste qu'élevé en grade, tient aussi peu à la particule, à laquelle il a droit qu'à son bel uniforme qu'il n'a endossé qu'une seule fois, à Saint-Gervais, à l'occasion du mariage de Mlle Aubignat avec le médecin-major Tartière, en 1880. Héritier de la fortune de Mlle A. Robert, dont Mme Delaperrière, sa mère, avait été la bienfaitrice, et, cédant aux sollicitations de ses nombreux amis, il a acquis à Saint-Gervais, le droit de cité malgré lui. Il est officier de la Légion d'honneur et de l'Instruction publique, commandeur de Saint-Grégoire-le-Grand, grand officier du Nicham de Tunis. — GORY (FRANCIQUE), originaire de Clermont-Ferrand; mais, dont la famille a pour berceau Saint-Priest-des-Champs; actuellement, capitaine, secrétaire du comité technique d'infanterie au Ministère de la guerre (✻). Il sort des rangs, ce qui l'honore, officier de grand avenir. — CARON (ERNEST), propriétaire du magnifique domaine de la Besse, près de Saint-Gervais, docteur en droit, 1er avocat général à la cour de Riom, (✱). D'une très ancienne famille de Nantes qui a donné des armateurs durant des siècles. — Louis (de Saint-Priest-des-Champs), capitaine au 92e d'infanterie (✱), vivant. — Roux (Honoré), député du Puy-de-Dôme, conseiller général du canton de Saint-Gervais, ancien avocat général (✱), mort en

H. GOMOT

Sénateur du Puy-de-Dôme

A. LAVILLE

Député du Puy-de-Dôme

1890. — Peyrard, (de Saint-Julien-la-Geneste). Adjudant de gendarmerie en retraite (✱), mort en 1891. — Tallon (Eugène), propriétaire du château de Châteauneuf. Ancien député, ancien avocat général, etc. (✱), actuellement, président à la cour d'appel de Lyon. — Gidel, proviseur au lycée Louis-le-Grand, à Paris, (O. ✱), (O ✱), né à Gannat (Allier) ; son père était originaire de Gouttières (voir Gouttières et Les Vers, au Dictionnaire).

MÉDAILLE MILITAIRE. — TAILHARDAT, (à Espinasse); LAFOND (à la Pèze); CHARMETTE, (sous-officier d'artillerie); LAGUET (MARIEN), de Saint-Gervais, du 82e d'infanterie (s'est distingué en 1870, à Freschvillers); DUMAS, de Gouttières, (s'est distingué à Freschvillers); PINET, d'Ayat, (s'est distingué en 1870, à Freschvillers); SAGOUIN, de Saint-Priest, sous-officier au 7e chasseurs (en 1870); BARSSE, de Saint-Julien-la-Geneste; Sont décédés: SABY (EUGENE), des chasseurs à pied, qui fit la campagne de Crimée (1855); SERSIRON, des chasseurs à pied, qui fit la campagne d'Italie (1859); SUCHAUD, (de Saint-Julien-la-Geneste); Il y a un médaillé de la médaille militaire, également, à Charensat.

MÉDAILLE DE SAINTE-HÉLÈNE. — Jadis, nombreuses dans le canton. Citons: PIERRE PAITRE; G. MÉRILHON (de Saint-Gervais); DUREL (de la Pèze).

OFFICIERS EN ACTIVITÉ. — Le jeune et intelligent capitaine d'artillerie, EUGENE GORY, né à Saint-Gervais, en 1857; GABRIEL NONY, né en 1866, lieutenant d'artillerie, élève de l'école polytechnique (d'une famille originaire du canton, branche de Saint-Gervais).

OFFICIERS D'ACADÉMIE. — BATAILLE (VICTOR-MARTIAL), né à Aydat (Puy-de-Dôme), le 15 janvier 1848. Reçu docteur-médecin en 1876. Etabli à Saint-Gervais, en 1878, où il a acquis la sympathie et l'estime de ses concitoyens. Conseiller du canton de Saint-Gervais, à la presque unanimité des voix (1886); délégué cantonal; médecin des épidémies depuis 1888. Dévoué à la cause de l'enseignement; a fait des rapports sur les épidémies et les fièvres typhoïdes. Officier d'académie, en 1888 (I), marié, en 1881, à Mlle Couriol, (d'Issoire.) — NONY (ALEXANDRE), libraire et habile éditeur, à Paris d'une (famille de Saint-Gervais). Officier d'académie (✿), en janvier 1890 (v. page 119).

MÉRITE AGRICOLE. — FAVIER JOSEPH, agronome, ancien maire de Biollet, créé chevalier, le 14 juillet 1887. — MANSARD, maire d'Ayat, créé chevalier, en août 1890, pour ses tissages de toiles.

AUGUSTE ROBERT

Conseiller général de Saint-Gervais. (1864-1870).

LE DOCTEUR BATAILLE

Conseiller général de Saint-Gervais (1886 à ce jour).

REPRÉSENTANTS DU CANTON. (AU SÉNAT, A LA CHAMBRE). — GOMOT (HIPPOLYTE), conseiller honoraire à la cour de Riom, ministre de l'Agriculture. Sénateur. Né à Riom, le 12 octobre 1837. Sa famille, de très-vieille bourgeoisie, est originaire de Vergheas. Elle compte-

un notaire à Charensat, en 1790. M. Gomot est l'un des vrais érudits de l'Auvergne. A ce titre, il a droit à nos sympathies. Il a publié d'intéressants ouvrages sur la province (l'Histoire du château de *Tournoelle*, de l'abbaye de *Mozat*, les biographies du peintre *Marilhat*, du sénateur *Salneuve*, etc.) C'est l'un des organisateurs de la Société du Musée de Riom. Il est cousin-germain de M. Allary, premier président de la cour d'appel de Riom, par Madame Gomot, sa mère. — LAVILLE (ADOLPHE), né à Montaigut-en-Combrailles, le 6 juin 1831, licencié en droit. Ancien élève du lycée de Clermont-Ferrand (alors collège royal). D'une très honorable famille de notaires de Montaigut en Combrailles. Il a été notaire et il est vice-président du conseil général du Puy-de-Dôme, depuis de longues années. Député du Puy-de-Dôme. Très au courant des questions administratives. Neveu de la comtesse de Ségonzat, décédée à Courtine, en 1834. (voir le mot Courtine, du *Dictionnaire*).

CONSEILLERS GÉNÉRAUX. — JACQUES VEYSSET, 1830 : CROMARIAS, avoué à Riom, 1830-1849 ; MICHEL BRESCHARD, licencié en droit, 1849-1864 ; AUGUSTE ROBERT, ancien juge d'instruction, actuellement maire de Riom, 1864-1870 ; H. ROUX, député du Puy-de-Dôme, ancien avocat général, 1871-1886 ; VICTOR BATAILLE, docteur-médecin, 1886 à nos jours.

DICTIONNAIRE HISTORIQUE ET ARCHÉOLOGIQUE

DES LOCALITÉS COMPRISES DANS LE CANTON DE SAINT-GERVAIS

Abréviations : *s.* ou *seig.* veut dire *seigneur* ; — *coseig.*, *coseigneur* ; — *c.* veut dire *commune* ; — *chef-l.* veut dire *chef-lieu.*

elever minutieusement toute la chronologie seigneuriale d'un canton, raconter les évènements qui se sont accomplis à travers les siècles pour chaque village, quand on trouve un fait intéressant, c'est la tâche des auteurs de ce livre, qui sera complété par ce Dictionnaire, curieux et utile. **Arses** (com. de Biollet), peut-être, un dérivatif de *arcere* (combattre), étant donnée la découverte d'un camp romain près de Termes (même commune).

Ayat. — Chef-l. de commune *Ayac* (1260). Le Père Dominique de Jésus pense que c'est l'ancien *Avitacum*, campagne de Sidoine Apollinaire, au ve siècle; mais c'est une erreur. (Avitacum était placé à Aydat, Puy-de Dôme). *L'église.* Son patron est Saint-Hilaire, jadis Saint-Alyre; elle est du xve siècle. Curés d'Ayat: Philippe Chardonnet, 1625; Léonard Nouben, 1640-1660; Henri Barsse, 1665-1690; Gilbert Cromarias, 1748; ce dernier était du village de Vernadel, il baptisa l'illustre général Desaix; Annet-Marien Cromarias, 1782-1791, et le même, de 1800 à 1809; Pierre Barrot, 1809-1835; François Ceytre, 1835-1865; Michel Meyssonnier, 1865-1875; J.-B. Couber, 1875, à nos jours. *Le prieuré.* Il dépendait de l'abbaye de Menat; aussi l'abbé de Menat nommait-il à la cure avant 1789. Les *Seigneurs.* Ce fief appartenait, en 1243, à Pierre, sire de Blot. Louis Constave, seigneur d'Ayat, Bien-Assis, écuyer d'écurie de Charles VII, maître d'hôtel de Louis de Bourbon, comte de Montpensier (1494), épousa Susanne de Bourbon, sœur de Charles, évêque de Clermont. Il vivait encore en 1530 et laissa: Charles s. d'Ayat, Bien-Assis (1561-1581), marié à Marguerite de Seymiers, dont Pierre; s. d'Ayat et de Bien-Assis, 1561-1581, marié, 1° en 1581, à Louise des Aix; 2° en 1582, à Madeleine Béchet. Bonne Rochette, dame d'Ayat, fille de noble Gervais et de Marguerite du Buisson, porta ce fief, en mariage, en 1636, à Antoine de Beaufranchet. Cette maison de Beaufranchet, dont le nom patronymique est *Pelet* et qui descend de Pierre Pelet, gentilhomme du Velay, en 1200, que l'on croit le cadet de Raymond Pelet, qui était des vicomtes de Narbonne, existe dans la Marche, le Bourbonnais et à Paris. Ses armes sont: *de sable, au chevron d'or, accompagné de 3 étoiles d'argent, 2 en chef et 1 en pointe.* Filiation depuis Guy Pelet, chevalier croisé, en 1250. Antoine de Beaufranchet et Bonne de Rochette, eurent Gilbert-Antoine écuyer, s. d'Ayat, maintenu noble, à Moulins, en 1669, sur preuves remontées à 1464. Celui-ci rendit foi hommage au roi en 1683, 1685, 1693, pour le fief et le château d'Ayat;

il épousa, en 1680, Marie de Servières et laissa trois fils qui firent branche : 1° Amable, qui suit ; 2° Charles-Louis, marié en 1771, à Anne Maitre de Relibert (leur postérité existe) (1) ; 3° Gilbert, marié en 1725, à Antoinette de la Chapelle, leur postérité habite la Marche ; elle est notamment représentée par le comte de Beaufranchet, au château de Moisse, près Genouillat (Creuse) ; 4° Anne, mariée, en 1712, à Sylvain des Aix, écuyer, seigneur de Veygoux ; elle est l'aïeule du général Desaix, dont nous parlerons.

DE BEAUFRANCHET

Amable de Beaufranchet, écuyer, seigneur d'Ayat, rendit foi-hommage pour Ayat, en 1717, 1724, Il épousa, en 1718, Antoinette de Sirmond, dont Jacques, seigneur d'Ayat, major général de l'armée française pendant la guerre de sept ans, tué à la bataille de Rosbach, en 1757. Il avait épousé, en 1755, Marie-Louise O'Murphy de Boisfailly ; de ce mariage : Louis-Charles-Antoine, comte de Beaufranchet d'Ayat ; seig. d'Ayat, de Beaumont, de Saint-Hilaire, etc., reçu page de la petite écurie en 1770 ; il monta dans les carrosses du roi en 1784, fut nommé maréchal de camp (1er septembre 1792). Chef de l'état-major du camp, sous les murs de Paris, commandé par le général Berruyer ; assista en 1793, à la mort de Louis XVI. On l'a accusé à tort d'avoir ordonné le roulement des tambours pendant l'exécution du roi. Cet acte revient à Santerre. Sous l'empire, il devint inspecteur général des Haras (1810). et député du Puy-de-Dôme (1805). Il mourut en 1812, laissant

(1) Représentants de la maison de Beaufranchet : le comte Augustin de Beaufranchet, sous-officier de dragons ; le comte de Beaufranchet, au château de Moisse, près Genouillat (Creuse) ; le vicomte Raphaël de Beaufranchet, à Aude (Allier) ; le vicomte Guy de Beaufranchet, à Paris.

de Françoise-Elisabeth Guyot de Mongran, sa femme, Anne-Pauline-Victoire, mariée, en 1810, au baron Terreyre, général de brigade. Il ne reste plus que des ruines du château d'Ayat.

Le Général Desaix. — C'est au château d'Ayat, appartenant à la famille de sa mère, que naquit l'illustre général Desaix. La tradition dit qu'il fut mis en nourrice à Châteauneuf, au village du Coin, dans la famille Chatard; de là, le nom de sources Desaix, donné aux eaux minérales qui naissent dans ce village. Desaix (Louis-Charles-Antoine), dont le nom de famille doit être écrit *des* Aix, appartenait à une famille noble, d'Auvergne, dont la filiation remonte à 1480. Né au château d'Ayat, le 17 août 1768, il était fils de Gilbert-Antoine des Aix, seigneur de Veygoux, et d'Amable de Beaufranchet; son grand-père était Sylvain des Aix, mentionné ci-dessus, marié à Anne de Beaufranchet. Tout le monde connaît la vie de l'illustre général Desaix. On sait qu'élevé à l'école militaire d'Effiat il fut nommé général de division en 1794. Il s'immortalisa dans diverses batailles, notamment en Egypte où ses ennemis le surnommèrent le *Sultan-Juste*. Il fut tué à la bataille de Marengo, en 1800, en prononçant ces paroles mémorables: «Allez dire au premier Consul que je meurs avec le regret de n'avoir pas assez fait pour la postérité». Desaix honore la France entière. La ville de Clermont-Ferrand lui a élevé une statue de bronze sur la place de Jaude, en 1848 (1). Sa famille existe encore au

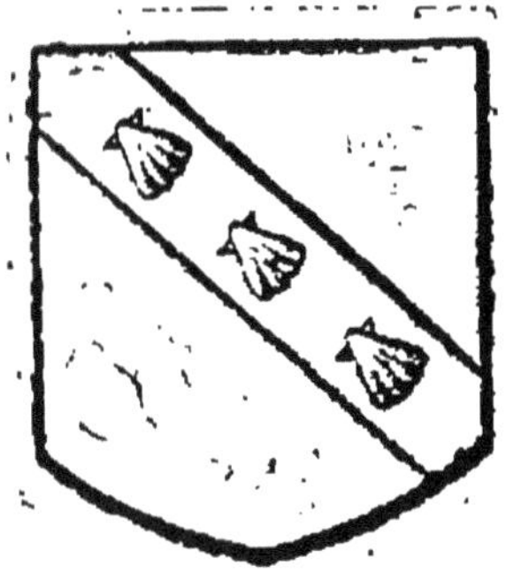
DES AIX

(1) Plusieurs documents authentiques concernant les familles Desaix et de Beaufranchet sont en la possession de M. Madebène, l'un de nous. Une épaulette ayant appartenu à Desaix est déposée au presbytère d'Ayat.

château de Bansou, près de Combronde, en Auvergne. Les armoiries des des Aix sont : *d'argent, à la bande de gueules, chargée de 3 coquilles d'or.* Nous donnerons, plus loin, dans cet ouvrage le portrait du général Desaix.

17 août 1889. Inauguration d'un drapeau soie et or (1) et d'une reproduction du portrait du général Desaix, par de Stenben (l'original est au musée de Versailles) (2), par les comtes de Beaufranchet. Fêtes, le soir, à Châteauneuf, prélude de l'inauguration (le 17 août 1890), d'un monument en granit bleu, dû à l'initiative de M. A. Madebène (3) et à celles de MM. Bataille, conseiller général; Maison, Mansard, maire; Arnaud, architecte, Pougheon, entrepreneur. Discours patriotiques de M. le général du Bessol, commandant le 13e corps; Guyot-Lavalline, sénateur; Laville, député; du docteur Bataille, conseiller général, et de M. le Préfet; du maire. Discours de M. Mansart, maire (voir *Moniteur du Puy-de-Dôme*, du 19 août 1890) : « Nous, maire d'Ayat, président honoraire du Comité Desaix, proclamons ouverte la cérémonie solennelle d'inauguration de ce monument, érigé à la gloire du général Désaix, né à Ayat, le 17 août 1768, etc... » (la suite du discours est couverte d'applaudissements, et M. le Préfet

(1) Provient de la maison Gatty, rue Rambuteau, à Paris.

(2) Cette reproduction a été offerte par divers souscripteurs. Quant au monument Desaix, la liste de souscription serait trop longue. Bornons-nous à citer le don patriotique de mille francs de la famille Dolfus, de Mulhouse. La plaque commémorative de l'eglise, en marbre blanc, a été offerte par la famille de Beaufranchet. Le moule du médaillon en bronze du monument est dû à la générosité de M. Lecoq, conseiller général.

(3) L'initiative de M. A. Madebène est consacrée par deux lettres, l'une de félicitations du Président de la République (à lui adressée), et l'autre du Ministre de la guerre. Celle de MM. Bataille, Maison, Mansard, Arnaud et Fougheon, par une lettre du Ministre de l'Intérieur.

décore, en présence de plus de 3.000 personnes, accourues de tous les points du département, M. le Maire, de l'ordre du Mérite agricole. M. Mansart descend de la tribune au milieu d'unanimes bravos, que souligne la musique militaire, et « l'Auvergne redit à la France charmée que Desaix est mort immortel ». — Le plus cher désir d'un des auteurs de ce livre, serait de songer qu'en l'an 1900 (le 14 juin), centenaire de la bataille de Marengo, on parachevât le monument d'Ayat par une statue. Maires d'Ayat (liste communiquée par M. Bellard, ancien instituteur); Bathiat (l'an IV), 1833; Guyot (1834-1851); Granier (1851-1870); Binet (1870); Marien Mansard, chevalier du mérite agricole, (en fonctions). Familles anciennes de la commune : XVIIe siècle. Gravier (un bourgeois, 1660); Bunier; Bathiat (François Bathiat, greffier à Ayat, 1684: Pierre Bathiat, hôte à Ayat, 1690); Boyer; Binet; Chardonnet; Guyot; Thevenet; Gendre; Sudre; Sauret; Combaud; Hyssert; Cousson; Basset; Beneyton; Gaby; Rouchon; Serre; Suchet; Chaffraix; Simonnet; Sol; Bellard; Bonnet; Mansart; Pinet; Lambertèche; Combaud; Boscavert; Bouget. (les Boujet ont reçu leur nom du village de ce lieu); Goursonnet; Bousset; Aubignat; Gauvin; Favodon; Chassaignol; Boulat; Aubert; Boissy; Faure, Peynet; Barrat.

Barthomivat (commune de Saint-Gervais), hameau Ce lieu est, sûrement, le berceau de l'ancienne et noble famille Barthomivat (existante), connue dès le XIIIe siècle et dont nous avons donné une notice précédemment. Jean Bourdeix, seigneur du Chassaing, résidant à Pionsat, avait un domaine à Barthomivat, 1685.

Bascobert (com. de Biolet). En 1751, Henri Lamadon était notaire dans ce village. Desarméniens y fut aussi notaire. — *Légende*. Un loup, pendant un hiver rigoureux, dévora une femme. *Le loup de Bascobert* est devenu légendaire, et les bonnes femmes de Biollet en faisaient encore peur, il y a 20 ans, aux petis enfants. On leur faisait accroire que pendant la messe de minuit ce même loup jouait aux dominos

L. C. A. COMTE DE BEAUFRANCHET D'AYAT

Nommé général en 1792. Né au château d'Ayat, en 1757, mort en 1812.

avec la mère croquemitaine qui mangeait des enfants vivants en buvant du sang de poulet, et qu'elle donnait ses restes aux loups du bois de Bascobert (O temps heureux de la légende ! !).

Beaufessoux (com. de Saint-Priest-des-Champs). C'était une dépendance de la commanderie des Chevaliers de Saint-Jean de Jérusalem (Malte), de Tortebesse (près d'Herment, Puy-de-Dôme) et de son annexe de la Peize (voir la Peize). En 1365, Jean d'Entremont ou d'Autremone, commandeur de Tortebesse, obtint du roi Charles V, une lettre de maintenue pour percevoir le droit de mortaille, dans le mas de *Beaufessous*, sur les biens de Plumage et Huguette de Beaufessous, morts sans héritiers.

Beaumont (com. d'Ayat). Vestige d'un château féodal aux de Chauvigny, au XVIIe siècle (Terrier possédé par A. Madebène), sur une éminence, d'où l'on domine un horizon immense. Site recommandé aux touristes.

Besserve (com. de Sauret-Besserve). Site ravissant. *Beserva* (1260) *L'église.* Elle a existé jusqu'à la Révolution de 1789. Il en reste des vestiges et de ceux du cimetière. Après la Révolution, Besserve, qui n'avait plus d'église, était administré par le curé de Saint-Priest-des-Champs, et le fut jusqu'en 1772, qu'on bâtit l'église du lieu de Sauret-Besserve, dont il a dépendu depuis. En 1793 les cloches de l'église furent précipitées, dit-on dans un gouffre de la Sioule. *Cure* Elle était à la nomination de l'archiprêtre de Menat. Curés: Gabriel Faure, 1650; Gervais Fournial, 1659; Pierre de Taix, 1689; Gervais Chardonnet, 1715-1719; Jean Deteix, 1774; Chardonnet; Bravy Rougier. *Seigneurs.* Etienne Marchains, damoiseau rendit foi-hommage au prince Alphonse, vers 1260, pour ce qu'il avait à Besserve; P. Golfier, damoiseau, fit également foi hommage à ce prince (vers 1260) pour la seigneurie qu'il avait, paroisse de Besserve; Robert Bothelheirs et Guillaume Ruilhs, sergent d'armes, firent de même (au même prince, 1260), pour ce qu'ils avaient dans le village de Besserve et à coté de ce village. (v. *Spicilegium*

Brivatense). Gilbert de Durat, damoiseau, seigneur de Durat et de Besserve, confirma les coutumes et franchises des habitants de Besserve, par lettres du 7 avril 1401 Cette famille de Durat, d'antique noblesse, porte *échiqueté d'or et*

ÉGLISE DE BIOLLET

d'azur de 6 pièces. Elle est connue, en Auvergne, depuis le XIIIe siècle; compte un grand nombre d'illustrations et est représentée, à Marcillat d'Allier, par le comte de Durat. L'un de nous, A. Tardieu, en a publié la filiation dans l'*Histoire généalogique de la maison de Bosredon* (in-4°, 1863). ***Maires***: Favier, 1797; Renard, 1826; Peyrard; Barboiron; Deteix.

C'est vers 1845 qu'on a réuni le lieu de Besserve, à la commune de Sauret-Besserve.

Biollet, chef-l. de commune. *Bualet*, 1258; *Byolet*, 1677. L'étymologie serait *beal*, *bief*, *bealet*, petit bief. (qualifiée par sa situation en amont de 2 étangs, qui occupaient la place de 2 prés actuels, les grangettes; de ces étangs, on peut encore reconnaître une chaussée. Jadis, il n'y avait que 3 maisons: le presbytère, le petit château dit châteix et la maison du métayer. Plus tard, vint s'ajouter la maison du notaire seigneurial. Toutes ces maisons, sauf le châteix, détruit en 1764, furent incendiées en 1789. Biollet a, de nos jours, 25 maisons. Les foires des 9 octobre (Saint-Denis) et 29 novembre (Saint-André) sont très suivies. Elles se tenaient, à l'origine à Termes; mais elles furent transférées à Biollet, vers 1700. *Eglise.* Elle est de 1077. On lit cette date sur un écusson au-dessus du portail occidental, à gauche. (on a prétendu lire, cependant, 1677, date d'une restauration inconnue); mais cet édifice est bien du XIᵉ siècle, d'architecture romano-byzantine la plus caractérisée. Plan à 3 nefs étroites, chapiteaux à figures grossières, gros pilastres élevés, à 4 demi-colonnes engagées; à l'extérieur, cordon de billettes entourant le portail et les fenêtres; appareil moyen, contreforts faibles. Chœur moderne. C'est le monument le plus intéressant de la contrée. Il faudrait le restaurer. M. Mallay prétend qu'on y a découvert une cuve baptismale; c'est un vaste bénitier, acheté vers 1842 et en pierre de Volvic. Le clocher fut abattu en 1794; il y avait alors 3 cloches, portées au district de Montaigut; en 1805, la grosse cloche fut ramenée, mais fondue; en 1807, refondue et on en fit deux. En 1875, bénédiction de deux cloches neuves; en 1806 et 1807, réfection de la flèche. *La Cure.* Avant 1789, était à la nomination du chapitre de Chamalières. Saint-Pierre était alors le patron. *Curés.* Robert Géraudias, vers 1667; Pierre Géraudias, 1667-1698; Pierre Géraudias, 1698-1736; Pierre Désarméniens, 1736, mort le 18 novembre 1762; Henri Deneuville. 1762, mort le 25 mai 1775; Annet Roudaire, 1775-1778 (il fut, dit-on, janséniste); Guillaume Rodier, 1778-septembre 1792; en 1794, il desservait la paroisse en se cachant; en 1801, il revint à son poste (mort curé du Quartier). Darnoult, curé

SCEAU D'ALELME DE ROCHEDAGOUX

Seigneur de Biollet, en 1258 (grandeur de l'original).

assermenté, 1792 (novembre et décembre); Fontenay ou de Fontenelle, prieur de Bellaigue (paraît à peine); Joseph Petitot, 1804, mort à Biollet, le 21 septembre 1807; Vigeral, 1808-1811 (était de Vertaizon); Pierre Aubignat, 1811-1819; Joseph Redon, 1819, meurt le 7 mars 1854; Morange, 1854-1856 (mort curé de Verneugheol); Thomas Giraud, 1856-1867; Joseph-Gilbert Brégiroux, 1867-1882 (ensuite curé du Montel de-Gelat); François Chaput, 1882-1885; Jean Parys, 1885, actuellement. — *Seigneurs*. En 1262, Raoul de Charensat vend, au chapitre de Chamalières, la dîme de Biollet. En 1261, Gérald de Termes fit don, à ce chapitre, d'une partie de la dîme de Biollet. Guillaume de Biollet, seigneur en partie de Biollet, paraît en 1258. C'était un riche seigneur que le *Spicilegium Brivatense* (p. 60) nous dit possesseur dans les paroisses de Gouttières, d'Espinasse et de Saint-Maurice-Saint-Hilaire, de fiefs pour lesquels il rendit foi-hommage au prince Alphonse. Il est appelé, dans cet acte W. *de Bualet*. Alelme de Biolet, damoiseau, admit Alphonse, comte de Poitiers, au pariage de sa seigneurie de Biolet, en août 1258. Son sceau, appendu à cet acte, offre un blason portant un lion rampant avec un lambel de 5 pendants. La légende porte: *S. Alelme de Rochedagoux*; légende et blason prouvent que c'était un cadet de la maison de Rochedagoux, qui portait: *d'azur, au lion échiqueté d'or et de gueules*. Cet acte se trouve, à Paris, aux Archives Nationales. Le même voulant aller en Terre-Sainte, vendit, au chapitre de Chamalières une partie de la dîme de Biolet, en 1261. C'est assurément de lui que descendent d'abord: Bernard de Rochedagoux, seigneur en partie de Biolet, qui rendit foi-hommage au chapitre de Chamalières, en 1291; Perot de Biolet, damoiseau, qui avait des droits en la paroisse de Biolet, en 1330; Bertrand de Rochedagoux, seigneur de Biolet, chevalier, rappelé comme défunt dans un acte de 1331 qui mentionne Marguerite de Biolet, sa veuve; plus tard, « noble et puissant homme » Chatard de Rochedagoux, dit de Biolet, damoiseau, seigneur de Biolet et du Chier, bailli des montagnes d'Auvergne, en 1397. Archambaud de Saint-Gervais, rendit foi-hommage à l'évêque de Clermont, pour ce qu'il avait en la paroisse de Biolet, en 1332. Jean de Biolet, seigneur du lieu en 1523. Hugues de Chantoizeau (*de Cantu avis*), homme d'armes, seigneur en partie de Biolet, prêta foi-hommage au chapitre de Chamalières en 1283. En 1332, noble Hugues de Chautoizeau, chevalier, seigneur en partie de Biolet et Guillaume, son fils, damoiseau, vendirent tous leurs droits sur Biolet au chapitre de Chamalières. Alelme de Biolet, dit Chautoizeau, avait des droits féodaux en la paroisse de Biolet, en 1330. En 1277, Guillaume de Montferrand, doyen du chapitre de Chamalières, fit don de tous ses droits sur Biolet, au même chapitre. Au mois de décembre 1297, le chapitre de Chamalières devint propriétaire de deux setiers de seigle sur la dîme de Biolet par la cession que lui en fit l'abbaye de l'Eclache (elle avait reçu cette rente de Gérald de Termes, en 1261), et en retour il lui abandonna 12 deniers de rente sur le lieu de Prat, près de Gergovia. Bernard de Saunat, écuyer, était seigneur de Biolet en 1677. Gabriel-Louis de Valon de Boucheron d'Ambrugeac, marié, vers 1640, à Gabrielle Le Loup, dame de Biolet, fille d'Annet et de Charlotte de la Roche-Aymon. (V. *le Cheix*). — *Maires*. Pierre Mazeron, agent. 1792; François Lelion, officier public, 1792; Joseph Favier, maire, 1798-1804; Pierre Madebène, 1801; Henri Madebène, 1808; Pierre Madebène, 1815; François Gaby, 1816-1825; Henri Madebène, 1830, suppléant du juge de paix; Annet Madebène, 1837; Félix Roudaire, 1848; Gervais Madebène, 1850; François Géraud-Dumontel, 1865; Pierre Montel, 1870; J.-B. Félix Roudaire, 1874; Amable Montel, 1876; Joseph Favier, 1881-1890; Joseph Arnaud, 1890, actuellement. — *Notaires*. Jean Lelion, lieutenant du baillage du Cheix, mort le 22 avril 1738; François Lelion, petit-fils du précédent, 1768-1792; ses minutes furent détruites par l'incendie de Biolet, en 1789. Jean Lucard, sieur du Breux, huissier royal au baillage du Cheix, Biolet, etc., 1742. — *Personnage digne de mémoire*. Etienne Edouard, né à Lyon, en 1822, mort à Biollet en 1885 Il fut l'un des brillants élèves de l'Ecole des mines de Saint-Etienne. Ingénieur à Saint-Eloi, il fit faire les recherches de houille de la Peize (1858). Puis ingénieur-directeur de mines, de l'école de Saint-Etienne, à Mont-Vicq (Allier). — *Anciennes familles.* XVIIe et XVIIIe siècles : Lelion ; Gaby ; Moutarde ; Favier ; Gourson ; Berthin ; Arnaud ; Grenat ; Cromarias ; Giraudon ; Thuel ; Lamadon ; Chaput ; Coucardon ; Fondras ; Cabaton ; Montel-Villosanges ; Dubost ; Saby ; Madebène ; Roudaire (de Bunleix) ; Merly ; Mazeron ; Poumerol ; Lucard ; Senetaire ; Arbitre ; Perchet ; Roberthon ; Cluzel ; Bichon ; Descoteix ; Vignon ; Pradelle ; Faure ; Montadart ; Condat ; Dumazet ; Bonnet ; Aupetit ; Pourtier ; Beraud ; Colombier. *Lelion*, très ancienne famille. A fourni des notaires royaux, des baillis ; alliée aux Pouchol (de Dontreix, Creuse), vers 1727, par le mariage de Jean Lelion, notaire royal, avec Marie Pouchol ; alliée aussi à la famille Madebène, en 1679 ; à la famille Martin (de Saint-Gervais), par mariage de Jean Lelion (qui signe Le Lion), notaire royal, avec Gervaise Martin, en 1781. — *Madebène.* (Pour cette famille établie à Saint-Gervais, voir page 113). *Berthin.* Cette famille a donné un consul à Biollet, en 1752. *Favier* (voir le mot *Bunleix*, du Dictionnaire). *Lucard*, *Lamadon*, *Giraudon*, anciennes familles bourgeoises.

Boulon, com. de Gouttières. André Maillot, bourgeois, seigneur de la Tour, y demeurait en 1685 ; il avait un domaine à La Peize, près de Gouttières. Il avait épousé Jeanne Barthomivat, fille de Louis. Ce dernier se qualifie seigneur de Boulon, en 1685 ; il avait épousé Anne Gérauld. Jean Barthomivat, neveu de la dite Jeanne, 1685.

Buffevent (com. de Saint-Priest-des-Champs). Fief. Annet Gérault, fils d'Etienne et héritier d'Annet, son oncle rendit foi-hommage au roi, en 1669, 1685, pour cette seigneurie (v. *Noms féodaux* par dom Bettencourt). Charles Mazeron, seigneur du Bladeix, Buffevent, bailli de Saint-Priest-des-Champs (voir *le Bladeix*), vivait en 1768.

Bunleix, com. de Biollet. *Belley*, 1517. Fief avec château. Au sud, à 300 ou 400 mètres, on remarque les traces de l'ancien château féodal. Actuellement, il y a, à Bunleix, une grande construction bourgeoise du XVIIIe siècle. Cette terre a d'abord appartenu, en 1517, à Antoine de Tours, écuyer fils de Bertrand, (qui se maria, ladite année, à Antonia de Montrognon, fille de Bertrand, seig. des Roziers), puis à la famille du Taux, qui, en 1667, fut maintenue noble, à Moulins et qui possédait les fiefs de la Chasseigne et de Chassignat (Bourbonnais). En 1696, Antoine-Gaspard du Taux, écuyer, seig. de Bunleix, fit enregistrer ses armoiries à l'Armorial général de France : *d'argent, au bœuf passant de gueules surmonté d'un lambel d'argent de même; à la champagne échiquetée d'azur et d'argent*. Bunleix passa à un rameau de l'illustre maison de Saint-Nectaire ou Senetterre, qui provenait de la branche des seigneurs voisins de *Groslière* (voir *Groslière*, au Dictionnaire). Hubert de Senneterre était seigneur de Bunleix en 1700. Il épousa en 1res noces Marie Montandraud, et en secondes noces, Marie Chapelle. Du 1er lit : Catherine, femme de Jean Vialette, notaire à Gouttières, en 1693-1733 (ancêtre des Vialette ; voir page 123) ; du 2e lit, Joseph, mort sans postérité ; Annet, marié à Louise Faucon ; ce dernier eut Anne, épouse de Jean Visignol, médecin à Saint-Gervais. Cette seigneurie passa aux de Rigaud de Pulvérières, puis aux Roudaire, par le mariage de Michel Roudaire, notaire dès 1740, bailli du Cheix, mort en 1783, avec Mlle Astaix de Pulvérières, parente et héritière des de Rigaud. A cette famille, appartient Michel Roudaire, greffier à Villosanges, qui en 1696, fit enregistrer ses armoiries, *d'or, à l'épervier d'azur*, à l'Armorial général. Jacques Roudaire notaire à Termes, près de Bunleix, de 1677 à 1705, fut aussi bailli de Lignières. Michel Roudaire était notaire à Charenge, en 1601. On trouve Annet Roudaire, curé de Saint-Julien-la-Geneste, 1764. Gilbert Roudaire, curé de Theillet, 1764-1790 ; puis de Traslaigue. M. Roudaire, bailli, avait 9 frères et 2 sœurs.

parmi lesquels, J.-B juge de paix du Montel-de-Gelat, en 1790 et président du district de Montaigut, qui hérita de Bunleix et le transmit à son fils Gilbert-Philibert, porte-drapeau au 3e bataillon d'Auvergne, blessé 2 fois en Vendée et renvoyé dans ses foyers, avec un sabre d'honneur. Son fils aîné, J.-B., garde du corps, sous la Restauration, épousa Clarisse Batisse, dont il eut : 1° Félix, docteur-médecin à Lapeyrouse, marié à Mlle Monrognon, dont postérité ; 2° Sophie, célibataire. Sous le règne de Louis XV, un Roudaire fils cadet du seigneur de Bunleix, eut 2 enfants : 1° l'un établi à Crocq, y épousa une demoiselle Pelissier du Mont et en eut 5 enfants, dont : A. Alphonse, ancien notaire, résidant à Bellegarde ; B. Stéphane Roudaire, mort médecin à Herment, père d'Alfred, receveur de l'enregistrement à Pont-du-Château (vivant) ; 2° un fils, ancêtre de M. Raoul Roudaire, résidant à Limoges. Mais un autre enfant du seigneur de Bunleix, vivant aussi sous Louis XV, se fixa à Guéret (Creuse) ; de lui descend le célèbre lieutenant-colonel Roudaire, qui eut l'idée de créer une mer intérieure en Afrique (il est mort à Guéret le 14 janvier 1885). Enfin, il y a une 3e branche Roudaire, qui compte M. Roudaire, juge de paix à Pontaumur, dont une fille épousa M. Chassaing, propriétaire à Pontaumur. Vers 1875, M. Roudaire, a vendu Bunleix, à M. Joseph Favier, depuis maire de Biollet. Cette famille *Favier* est ancienne (voir p. 111). Les Favier, établis à Bunleix revendiquent un des leurs établi à Termes, vers 1720. Depuis, ils se sont alliés aux Delagorse, Montandraud, Boyer, Madebène (en 1820), Beauregard. M. Joseph Favier, actuellement propriétaire de

ROUDAIRE

Bunleix, né en 1850, ancien maire de Biollet, fait chevalier du mérite agricole en 1887, a épousé, en 1891, Françoise Thomas, dont Annet-Pierre, né en 1875, Léonie, née en 1880 et Marie, née en 1881. Il y a encore la branche cadette Roudaire de Valette, dont Michel Roudaire, qui épousa, en 1855, Palmyre Montanier, dont une fille Eugénie, née en 1856.

VUE DE L'ÉTANG DE CHANCELADE
(côté du nord-est)

Bunier (com. d'Ayat). Lieu de naissance du capitaine Gravier (voir *Légion d'honneur*, page 133).

Chambonnet (com. de Sauret-Besserve), sur le bord de la Sioule. *Chambonnet* 1535. Le *prieuré*. Il dépendait de l'abbaye des bénédictins de Massay et fut uni, en 1614, à celui de Saint-Gervais ; à cette date, il passa au couvent de la chartreuse du Port Sainte-Marie (voir p. 57) et lui resta jusqu'en 1789. Simon de Beaulieu, archevêque de Bourges, visita, en 1287, le prieuré de Chambonnet, dans sa tournée pastorale. — *L'église*. L'église paroissiale de Chambonnet a existé jusqu'à la Révolution française. Il en reste des pans de murailles. Au Concordat, Chambonnet fut desservi par le curé de Saint-Gervais, jusqu'en 1872 environ que fut bâtie l'église de Sauret-Besserve. — *Curés*. Pierre Sane, 1629 ; Gervais Pidon, 1680 ; Annet Nony, 1706-1725 ; Jean Chardonnet, 1750 ; Nony ; Mallet ; Lapauze ; Juglard ; Coquery, 1760 ; Barrier. — *Maires*. Masson, 1797 ; Sauret, 1800. C'est vers 1845 qu'on a réuni le lieu de Chambonnet à la commune de Sauret-Besserve. — Gervais Rebours, bourgeois, habitait Chambonnet en 1720.

Chancelade (com. de Charensat). La seigneurie de Chancelade appartenait, en 1520, à la commanderie de Saint-Antoine de Viennois, de Nébouzat (Puy-de-Dôme) dont c'était une dépendance. L'Ordre de Saint-Antoine de Viennois, qui était composé de chanoines réguliers, suivant la règle de Saint-Augustin, avait, en Auvergne, sa principale maison, à Montferrand ; et celle-ci avait été fondée vers 1190. De la maison de Montferrand dépendait celle de Nébouzat, dans les montagnes d'Auvergne, dont Guillaume de Saint-Eloi était commandeur en 1521. L'Ordre de Saint-Antoine fut supprimé en 1777, et réuni à celui de Malte (voir Histoire de Montferrand, par Ambroise Tardieu). — *L'étang*. Chancelade possède le plus vaste étang de l'Auvergne. Il a 127 hectares et appartient à M. Bosclard, marié à Mlle d'Ussel.

Chante-Sel ou Chantassel (com. de Biollet). Nous avons dit que le nom de ce lieu lui vient de ce que les faux sauniers y venaient, par ruse, *chanter le sel* de contrebande, afin d'éviter les gabellous ou employés de la gabelle (voir page 47). Domaine important à l'honorable famille Montel.

Charensat, chef-lieu de commune. *Charenciacum*, 1157 ; *Charensac*, 1260-1331. On a trouvé un tiers de sol d'or de l'époque mérovingienne, portant, en légende *Carancioco* et dans le champ de la pièce, *A R*, puis de l'autre côté, *Lopus monetarius*. M. Mathieu (*Les Colonies romaines*, en Auvergne) l'attribue à un atelier de monnaie qui aurait existé à Charensat. — *L'église*. Elle a été rebâtie en 1840-1841 ; le clocher est de 1880, elle est vaste, régulière, commode, sans caractère architectural. — *La Cure*. Etait à la nomination de l'évêque de Clermont avant 1789. Saint-Martin était alors le patron de la paroisse. En 1157, Etienne de Mercœur, évêque de Clermont, donna, au chapitre cathédral de Clermont, des cens sur l'église de ce lieu. La maison de Montagnac qui possédait le château des Lignières, près Charensat, a fait une fondation de 15 messes et 2 obits, dans l'église de Charensat et pour lesquels elle a versé 1200 livres. Cette fondation existe encore. — *Curés*. Rouvel, 1761-1770 ; Bonhoure, prieur-curé, 1770-1779 ; Grenouillat, 1779-1792 ; Laufranchise jusqu'au 30 décembre 1792. En 1814, la cure fut incendiée avec tout ce qu'elle renfermait. Curés depuis : Avinat, 1814 ; mort le 20 juillet 1820 ; Besson, 1820-1821 ; Vernet, 1821-1830 ; Gervais, 1830-1831 ; Dumas, 1831-1837 ; François Allègre, né à Saint-Bard (commune de Condat), 1837, mort le 15 juillet 1877 ; Dubois, du 1er juillet, 1877 à ce jour. — Le *Couvent de religieuses*. Il est dirigé par les religieuses du tiers-ordre de Saint-Dominique d'Ambert et a été fondé le 12 mai 1858, grâce aux libéralités de la comtesse de Saisseval, née de Lastic, dernière propriétaire du château des Lignières. Ces religieuses ont été installées en 1867. — *Seigneurs*. Girbert de Charensac rendit foi-hommage au prince Alphonse, vers 1260, pour sa maison (château) de Charensac. Jean de Charensac, fils de feu Guillaume possédait un fief dans la paroisse de Miremont, vers 1260. Guillaume de Rochedagoux, chevalier, possédait des droits féodaux en la paroisse de Charensat, 1294 Guillaume de Charensac, rendit foi-hommage à l'évêque de Clermont pour le village de Salves, situé paroisse de Charensat, en 1331; Guillaume de Rochedagoux possédait une maison noble à Charensat et rendit aussi foi-hommage audit évêque, en 1312 ; Bertrand Fabre, de la paroisse de Rochedagoux, en possédait deux dans la paroisse de Charensat et rendit aussi foi-hommage audit prélat, 1397. Jean de Rochedagoux, veuf de Galienne de Durat, avait des cens et rentes paroisse de Charensat. 1399. Pierre de Saint-Priest (des Champs), damoiseau, possédait la maison noble del Monnes, paroisse de Charensat, en 1331, et en rendit foi-hommage à l'évêque de Clermont. Ruffet de la Roche, damoiseau, possédait un mas en la paroisse de Charensat, en 1331. Beraud et Jean Aymon, fils de Jean, avaient des rentes féodales en cette paroisse, 1347. — *Maires.* Marien Tarde ; Laurent Montandraud ; André Chaudet ; Gilbert Montandraud, 1830-1848 ; Emile Breschard, 1848-1855 ; Annet Bouchet, 1855-1871 ; Pierre Pouchol, 5 février 1871-14 mai 1871 ; Mathieu Jamet, 14 mai 1871- 30 juin 1878 ; François Chassagnette, 30 juin 1878, à nos jours. Ce dernier s'est occupé de la construction du clocher, de la création du cimetière et de nombreux établissements. — *Anciennes familles.* XVIIIe siècle : Bouchet ; Bosclard ; Montandraud ; Beauregard ; Pouchol ; Martin ; Bordessoule ; Chabassière ; Chassagnette ; Gomet ; Mourdon ; Chanudet ; Baconet ; Prady ; Ribier ; Sennetaire ; Pradelle ; Poughon ; Bussière ; Gomichon. — *Notaires.* François Gomot, 1790 ; Gilbert Montandraud, 1823-1850 . Pierre Pouchol, 1858-1874 ; François Chassagnette, 1874-1890 ; Martin, 1890, à nos jours. M. le sénateur Gomot (H.), ancien ministre de l'Agriculture, compte, parmi ses ancêtres, François Gomot, notaire à Charensat, bailli des Liguières, 1790. Celui-ci descendait d'Annet Gomot, notaire à Vergheas, 1760-1785, fils de Jean Gomot, notaire audit-lieu, 1724-1760.

Françoise Gomot, mariée à Gilbert Bèneyton, seigneur des Saigues, eut une fille Françoise, mariée, en 1718, à Gilbert Chabrol, conseiller du roi en la sénéchaussée de Riom. (Ce dernier est le frère du célèbre Guillaume-Michel Chabrol, l'auteur des Commentaires de la Coutume d'Auvergne). La famille Gomot est aussi alliée aux Delongchambon, La cure actuelle de Vergheas était la maison du bisaïeul de M. le

MARIUS MARTIN

Député de la Seine (né à Charensat, en 1848).

sénateur Gomot. — L'abbé Montandraud, missionnaire, né à Charensat, est mort en Chine vers 1850. — *Martin* (*Marius*). né à Charensat, le 16 janvier 1848, ingénieur civil, fit la campagne, de 1870-1871, comme capitaine de mobiles de la Loire. Membre du conseil municipal de Paris et du conseil général de la Seine (1878) ; réélu, en 1881, 1884, 1887. C'est lui qui eut l'initiative du relèvement du quartier Marbeuf opération considérable qui amena plus de 120 millions de travaux sans qu'il en coûtat rien à la ville de Paris; rapporteur du projet de création de la Bourse du commerce, de l'achèvement de la rue du Louvre, de l'agrandissement des halles centrales. En 1889, élu député de la Seine (Paris), par 6831 voix contre 5114 voix accordées à M. Frédéric Passy, député sortant. A la Chambre, il a combattu le tarif général des douanes, au nom des districts de Paris, etc. Appartient au groupe plébiscitaire, dont il est un des plus militants. — M Bosclard possède à son château des Monneyroux (Creuse), un plan manuscrit de plusieurs mètres de largeur, (fait par J.-B. Marie Heyrauld, expert-géomètre, en 1775-1776) de la paroisse de Charensat et de la *dîmerie* de cette paroisse.

Charvilhat (com. de Saint-Gervais). Il a donné son nom à l'ancienne famille de ce nom (voir page 107). Anne Charvilhat porta, dans ce lieu, en mariage, par domaine à son mari Gervais Lardif, seigneur des Barsses; elle vivait en 1685.

Chazal, com. de Gouttières. Les Vialette, bourgeois, y possédaient de belles propriétés, aujourd'hui à M. Joseph Baisle (de Saint-Priest-des-Champs). Le fief appartenait aux Reneyton en 1700, puis aux de Chabrol, de 1718 à 1789, et, enfin, à la famille Boudaud. En 1874, les héritiers Boudaud-Chardonnet ont vendu leurs propriétés à Chazal. — Recherches d'anthracite demeurées inachevées.

Chazelles (com. d'Ayat). Fief. Loys Constave, seigneur de Chazelles et de Bien-Assis (prés de Clermont), en 1530, épousa Suzanne de Bourbon, sœur de Charles, évêque de Clermont. Il eut Charles, écuyer, seigneur de Chazelles, Bien-Assis, Ayat, né en 1509, vivant en 1561, marié à Marguerite de

Seymiers ; celui-ci eut Christophe, seigneur de Chazelles, mort sans enfants, vers 1587. Jacques Durant, seigneur de Chazelles, était avocat au présidial de Riom, en 1582, et fit imprimer, en 1582, un livre intitulé : *Variarum lectionum* donnant l'explication des anciens auteurs. Antoine Chabre, écuyer, lieutenant criminel au présidial de Riom, était seigneur de Chazelles, en 1684-1700. Il fut père de Pérette, dame de Chazelles, mariée à Jean Demalet, seigneur de la Védrine, assesseur criminel au présidial de Riom ; celui-ci laissa une fille, dame de Chazelles, mariée à M. Solier, directeur des domaines en 1789. — *La Justice*. Chazelles avait un baillage. Joseph Bottes était chatelain de cette justice en 1783.

Chazerat (com. de Gouttières). Gervais Rouchon, notaire royal à Chazerat, 1655 ; puis Boudaud. (Les minutes, inscrites au corps des minutes des notaires de l'arrondissement de Riom, sont en la possession de Me Mauzat-Laroche, notaire à Menat).

Chez-Pesant (com. de Saint-Julien-la-Geneste). Dépendait du couvent des bénédictines de Saint-Julien-la-Geneste. Une famille Batisse, qui compte des prêtres, des maires, etc., y est fort ancienne. En 1701 le régisseur temporel du couvent précité était Jean Laussedat, de Chez-Pezant, il précédait les processions, porteur d'une hallebarde, et s'intitulait capitaine des Pénitents Blancs. Il était, par le fait, le *negotiorum gestor* de l'Abbaye.

Chez-le-Sacristain (com. de Biollet). Là, demeurait, autrefois, le sacristain de la paroisse. (Domaine appartenant à la famille Baisle).

Chez-Vialle (com. de Charensat). Maison bourgeoise incendiée vers 1840 et vendue par M. Breschard, aîné, à un cultivateur voisin, M. Berthin, l'un des riches propriétaires de la contrée.

Chirol. *Chirol* (1260). (com. de Saint-Priest-des-Champs. Il a donné son nom à une très ancienne famille, celle de *Chirol*, qui existe encore en Auvergne et qui possédait les fiefs de la Brousse, de la Brugère. Ses armoiries sont: *d'azur, à une montagne de* 21 *coupeaux d'or*; *au chef d'argent chargé de* 3 *étoiles de gueules*. Cette famille est représentée par un receveur des domaines et par M. Chirol de la Brousse, médecin à Saint-Amand-Tallende, marié à Mlle Teyras de Grandval. En 1488, Blaise Chirol représenta Gaspard Girodon, du Montel-de-Gelat, pour une foi-hommage faite à cette époque. (v. *Bulletin Historique de l'Auvergne*, année 1889). W. Raymond, sergent d'armes, percevait, en rente féodale, 3 émines de blé; à Chirol, en 1260 (*Spicilegium Brivatense*, p. 56).

Cluzel (com. de Saint-Priest-des-Champs). Berceau de la famille de ce nom qui existe encore dans le canton.

Couronnet ou *Couronet* (com de Saint-Priest-des-Champs). Château et fief, relevant de la baronnie d'Herment. Le château a été démoli en 1793. Il n'en reste plus de traces. Balthazard de Couronnet, écuyer, était seigneur de ce lieu en 1488. Françoise de Chalus, dame de Couronnet, épousa en 1559, Gabriel de Servières et laissa, Annet de Servières, seigneur de Couronnet, marié, en 1588, à Gabrielle de Chaslus, dont Jean, seigneur de Couronnet, marié, en 1622, à Isabelle de Bosredon; le 12 avril 1635, il rendit foi-hommage à Charles de Lévis, duc de Ventadour, baron d'Herment, car cette terre relevait de la baronnie d'Herment; et laissa, Henri de Servières, seigneur de Couronnet, marié en 1641, à Anne Lardif, dame du Theilot, dont: 1° Gilbert, seigneur de Couronnet, mort avant 1662, sans postérité; 2° Jean-Marien, seigneur de Couronnet, en 1724, marié à Gilberte d'Alexandre. Celui-ci rendit foi-hommage, en 1698, au baron

FRANÇOIS DE MONESTAY DE CHAZERON

Lieutenant-général d'armée, gouverneur de Brest († 1697), frère de Gabriel de Monestay, baron de Gouttières.

(D'après un portrait peint sur toile du château de Chazeron).

d'Herment, pour Couronnet, et laissa, 1° Gilbert, marié à Catherine d'Aurière; de lui descend Gilbert de Servières, écuyer, seigneur de Couronnet, époux de Rose Massillon (de la famille de l'illustre évêque de Clermont), vivant en 1780 Gilbert de Servières, né en 1760, officier du régiment de Beauvoisis, né en 1760, chevalier de Saint-Louis, épousa Marthe-Adelaïde de la Salle, dont il eut: A. le comte Amable-Jean, garde du corps en 1830, marié à Flavie de Loubens de Verdalle, dont Elise, mariée au marquis de Loubens de Verdalle; B. Adrien, décédé; C. Constance; D. Hippolyte, mariée à M. le baron Théodore de Cabrières; E. Elisabeth, femme de Frédéric d'Amarzit; F. Hedwige. La famille noble de Servières est originaire du diocèse de Limoges et porte pour armoiries: *Fascé d'or et de gueules de 6 pièces*. Comme ses armes sont celles des de Rochefort, seigneurs de Servières, près du Mont-Dore, connue dès le XIIe siècle, rien d'impossible à ce que les de Servières, soient une branche de ces de Rochefort. — Marie Servières, dame en partie de Couronnet, autre enfant de Jean-Marien et de Gilberte d'Alexandre, épousa en 1732, Claude-Marie de Sarrazin, seigneur de Bonnefont et de Laubepin, mort en 1745, au château de Bonnefont, dont une fille Pétronille, mariée, en 1768, à Charles Mazeron, seigneur du Blazeix et un fils, le comte Gilbert, né en 1732, mort à Vendôme, en 1825, dernier seigneur de Couronnet en 1789, élu député de la noblesse de Vendôme, aux Etats-généraux de 1789; il est l'aïeul du comte Alyre, né à Vendôme, en 1820, propriétaire de la terre de la Boutelaye, en Poitou, décédé, marié en 1850, à Gabrielle de Croy, dont 2 fils (voir généalogie de la maison de Sarrazin, par le comte Alyre de Sarrazin, 1864, in-8°), La maison de Sarrazin, originaire d'Auvergne, dont la

DE SERVIÈRES

DE SARRAZIN

noblesse est connue dès le XIIe siècle, porte *d'argent à la bande de gueules, chargée de 3 coquilles d'or*. Devise : *Deo et sancto Petro*. Une partie du fief de Couronnet, appartenait, à Jean Lardif, en 1666. Maurice, son fils, épousa ladite année Anne Charvilhat. Noble homme Gervais Lardif, sieur de Couronnet, 1670.

Courteix (com. de Sauret-Besserve). Il y avait un château féodal entouré d'un fossé, dont on voyait les traces en 1689 (d'après le terrier de Saint Gervais). En 1489, Jacques de Courteix, seigneur de la Maisonneuve, près de Pontaumur, rendit foi-hommage au commandeur de Tortebesse pour Courteix. Sa famille, qui est connue dès 1262, possédait aussi les châteaux de Courteix ou Corteix, près de Condat (canton de Pontaumur) et s'éteignit vers 1600. En 1669, Pierre de Bonnefon était seigneur de Courteix, près de Sauret-Besserve. Il n'existe rien des ruines du château. On trouve un monceau de pierres dans les champs où fut son emplacement.

Courtine (com. de Saint-Priest-des-Champs) Fief. Ce nom indique un château féodal avec courtine. Il en existe quelques restes. Antoinette de la Feuillade, veuve d'Antoine de Chaslus, s. de Courtine, 1530. Claude Barthomivat (voir page 99), écuyer, s. de Courtine et de la Besse, dès 1636, épousa, en 1592, Marguerite Chauveix. Il eut Jean, écuyer, s. de Courtines et de la Besse, marié, en 1650, à Charlotte de Servières, dont il eut Jean, seigneur de Courtine, Layat, marié, en 1698, à Peyronnelle de Sarrazin, dont Antoine, résidant à Saint-Gervais, seigneur de Courtine, marié à Marie Bourdeix, dont Marie, dame de Courtine, mariée à Louis-Augustin de Sarrazin, chevalier, fils de Joseph, seigneur de Bonnefont,

Condat et de Jeanne d'Astorg de Chaludet, dont Marie de Sarrazin, dame de Courtine, mariée, en 1767, à Gabriel de Ségonzat, seigneur du Peschin, en Bourbonnais, dont un fils, Etienne, comte de Ségonzat, chevalier de Saint-Louis, officier de l'armée de Condé, marié à Zélie Chevalier, fille d'André, notaire à Montaigut-en-Combraille, et de Françoise de Pauévinon de Marsat (celle-ci fille unique d'Antoine, chef d'escadron, aide de camp du prince de Hesse, né à Chambon, mort très bravement au combat de Flamars, en 1793, et d'Antoinette de la Grange); elle mourut sans enfants et avait une sœur, Marie-Amélie Chevalier, épouse de Jean-Auguste Laville, né en 1800, notaire et conseiller général à Montaigut-en-Combraille, décédé le 8 octobre 1855, d'une très ancienne et honorable famille de Montaigut-en-Combraille, laissant trois fils, dont un décédé célibataire (Gilbert-Arthur); les autres sont : André-Gilbert-Adolphe Laville, né le 6 juin 1831, député du Puy-de-Dôme, etc. (voir page 135); 2° Gilbert-Félix Laville, né le 4 septembre 1835. Le comte Etienne de Ségonzat mourut le dernier représentant de cette antique maison, en 1840. Ses ancêtres, qui possédaient de nombreuses seigneuries dans la Marche, leur berceau, portaient pour armoiries : *emmenché d'or et d'azur*.

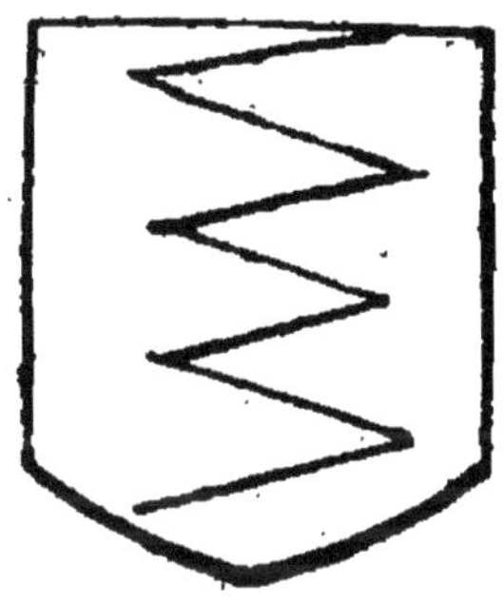

DE SÉGONZAT

Espinasse. Chef-l. de com. *Espinassa*, 1157. *Lespinaça*, 1260. — *L'église.* Une partie a été modifiée à la 2e époque ogival. A été consacrée En 1157. Etienne de Mercœur, évêque de Clermont, donna, au chapitre Cathédrale de cette ville, un cens sur l'église de Saint-Martin d'Espinasse. — La *Cure.* Le nominateur en était l'évêque de Cermont; le patron de la paroisse était Saint-Martin, avant 1789 (comme en 1157. — *Curés.* Annet Gomet, 1667 ; Gilbert Arnaud, 1669;

Jean Baron, 1699; Annet Lanieret, 1702; Blaise Baron, docteur en théologie, 1704-1723; Baron, neveu, 1750; Saby, 1775; Senetaire, 1803; Salzac, 1805-1813; Gouttière, 1813-1815; Juladon, 1815-1827; Fouilhoux, 1827 à 1843; Richard, 1843-1845; Authier, 1845-1852; Paulze, 1852-1874 (a fait restaurer l'église); Midon, 1874-1884; Versepuy, 1884 à nos jours. — *Les Religieuses.* Des religieuses du Tiers Ordre de Saint-Dominique, dont la maison mère est à Ambert, ont été établies à Espinasse grâce aux libéralités de la comtesse de Saisseval qui a fondé celles installées à Charensat (voir page 157). — *Seigneurs.* Franconet de Durat, damoiseau, rendit foi-hommage au prince Alphonse, vers 1260, pour ce qu'il possédait dans la paroisse d'Espinasse. (*Spicilegium Brivatense*). Les seigneurs d'Espinasse furent les mêmes que ceux de Pierrebrune (voyez le mot Pierrebrune du Dictionnaire). — *Baillage.* Baillis d'Espinasse et de Pierrebrune connus : Charles Chamalet, notaire royal, 1654; Denis, notaire royal à Espinasse, 1694; Gilbert Mangerel, avocat en parlement (famille de très-bonne bourgeoisie, ancienne; estimée à Pionsat), il était aussi bailli de Pionsat, 1750; François Boutarel, bailli d'Espinasse, Pierrebrune (vers 1760); Dumazet, greffier au baillage, 1654. — *La brigade des gabelles.* Elle existait à Espinasse avant 1789 (v. page 47). — *Maires.* Henri Madebène, 1798; G. Gory, 1801; Dubosclard, 1808; G. J. Boutarel, 1815; Sannes, 1816; A. Nouhen, 1818; Claude Fribaud, 1819-1840; C. M. Baron; 1840-1848; Frédéric Gory, 1848-1874: M. Martin, 1874-1876; J. Chabry, 1876-1885; Lécuyer, 1885-1888; François Carton, 1888, à nos jours. — Terrible incendie, en 1883. Secours de 2000 fr. du gouvernement. Création du nouveau cimetière, (1889). — *Notaires.* Durin, 1694; Dumazet, 1697; Blaise Baron, 1757-1774 (minutes conservées étude Rousset). — *Anciennes familles.* XVIIe et XVIIIe siècles. Boutarel, Senetaire, Bussières, Louit, Pradier, Thuel, Martin, Descoteix, Sudre, Faure, (Jean Faure, chirurgien à Espinasse,

1670), Robert, Lamadoux, Fribaud (1), Boudaud, Delongvert, Rouzille, Parret, Baron, Lécuyer, (Annet Lécuyer, praticien au moulin du Pont, légua une somme importante à l'église d'Espinasse, par testament de 1654), Nouhen, Vial, Cleret, Farghen, Gourson, Charvilhat, Dufal, Tronchet, Guilhen, Robert, Rigot, Carte, Tixier, Rique, DuboscIard, Arnaud, Bourduge, Tarde, Chaput, Taillhardat, Raynaud, Chefdeville, Sames, Chomette, Goyon, Rogane, Riboulet, Dumazet, Mathivet, Parrin, Martinon, Gory (voir Saint-Priest), Blanchon, Mousselon, Trapon. — La famille Dumazet, (berceau Chauveux canton de Pionsat), avait une branche à Espinasse ; celle-ci portait pour armoiries : *d'argent, à 3 roses de gueules, 2 et 1.* Me Jacques Dumazet, fille de feu Me Annet, du village du Mazet, 1637. La branche Chauveux, qui compte un trésorier de France, à Riom, un gentilhomme de la fauconnerie du roi et de belles alliances, porte : *d'or, au navire de sable, voguant sur une mer d'azur et portant un lion de gueules ; au chef d'azur, chargé de 3 étoiles d'argent* ; elle est représentée à Londres (Angleterre), par Victor-Henri Dumazet de Pontigny, né en 1851. — L'abbé Alphonse Duboslard, né à Lyon, en 1833, est depuis 1875, aumônier des religieuses de Cluny, à Saint-Gervais. Sa famille habite Espinasse. Prêtre d'une science rare et solide. — *Ancien usage.* A chaque messe d'un défunt, on faisait jadis, au curé, don d'une bouteille de vin. (Usage tombé en désuétude par suite d'abus).

Etubeix, com. de Saint-Julien-la-Geneste. Blaise Baron y était notaire en 1774.

(1) A cette famille, M. Charles Fribaud, secrétaire particulier à la sous-préfecture, à Riom, (en retraite). Il a rendu de nombreux services à ses concitoyens qui ne l'oublieront jamais ; il est dignement remplacé à ce poste par son fils.

Fredeville (com de Saint-Gervais). François Beneyton, curé de Saint-Gervais, y avait un domaine, en 1685 Fief ayant appartenu aux Georges, seigneurs de Fredeville (1762).

ÉGLISE DE GOUTTIÈRES

Gaby (commune d'Ayat). Ce village a donné son nom à une famille ancienne qui existe encore. On trouve un Gaby huissier royal à Grandval, en 1721. La famille de M. Gilbert *Gaby*, vice-président de la Société *L'Auvergne*, de Paris, société de secours mutuels très connue des *Parisiens-Auvergnats*, est originairement une branche de la famille de ce nom (voir minutes Chamalet). Voyez page 111.

Gaulme ou *Gaume* (com. de Saint-Priest-des-Champs). Il y avait, avant 1789, une chapelle, desservie par la communauté de prêtres de Saint-Priest-des-Champs. Fief ayant appartenu à la famille Gory, qui a pris le nom de Gory de Gaulme.

Gouttières, chef-l. de commune. *Guoteira* (1657) ; *Goteyras*, 1260 ; *Goterra* ; *Gotira* ; *Goteria* ; *Goteyres*. *L'église*. Elle fut comprise, en 1165, dans une bulle, parmi les dépendances de l'abbaye de Menat. C'est un monument très ancien, modifié par l'adjonction récente de deux chapelles. Le clocher date de 1861. Il est octogone ; à mi-hauteur de la flèche sont, sur chacune des quatre faces, des espèces de lucarnes assez disgracieuses. L'église possède une statue de la vierge, en bois, de grandeur naturelle, paraissant fort ancienne. En 1793, les cloches furent enterrées et sauvées par M. Gidel (des Vers). *La cure*. L'évêque y nommait, avant 1789, et, dès 1535, elle était annexée à la dignité d'archiprêtré de Menat. Le patron de la paroisse était saint Pierre. Curés : Parrin, 1667 ; François Pracros, 1690 ; Gervais Parrin, 1699-1709, qualifié archiprêtre de Gouttières ; Bonnet Jame, 1737 ; Tercy, 1740 ; Richen, prêtre commis, 1860 ; Nouhen, 1800 : Pracros, 1804-1806 ; Chardonnet, 1807-1814 ; Guyot, 1814-1830 : Jourde, 1830-1871 ; Boniol, 1871-1887 ; Beraud, 1887, à nos jours. *Le prieuré*. Il dépendait de l'abbaye de Menat avant 1789. *Les seigneurs*. Au mois de septembre 1252, P. de Vareille et Bonne sa femme, Raoulette, veuve de G. de Vareille, Merlin, leur fils, Etienne de Vareille et Alix, sa femme, vendent à Eudes, sire de Bourbon, moyennant 600 livres, leur droit sur la terre de Gouttières. En 1260, cette terre fut cédée en suzeraineté au prince Alphonse, comte de Poitiers, par Mathilde de Bourbon et Eudes de Bourgogne, son mari. Richard de Goteria, sergent d'armes, rendit la foi-hommage au prince Alphonse, vers 1260, pour ce qu'il possédait dans la *baillivia* (seigneurie ayant baillage) de *Goteyras* (Gouttières) (v. *Spicilegium Brivatense*). Antoine de Chazeron, seigneur de Rochedagoux, Chazeron, Gouttières, Pionsat, chevalier de l'ordre du roi, épousa Claude Maréchal-Fourchault. Il eut Gilbert, seigneur de Gouttières, gouverneur et sénéchal du Bourbonnais, chevalier du Saint-Esprit, marié à Gabrielle de Saint-Nectaire, père de Claudine, dame de Gouttières, Chazeron, Rochedagoux, mariée, en 1611, à Gilbert de Monestay, seigneur de Forges, Chard, gentilhomme de la chambre du roi, lesquels laissèrent : 1° François, seigneur de Chazeron, lieutenant général des armées du roi, gouverneur de Brest, chevalier des ordres du roi (en 1688), mort en 1697 (dont nous donnons le portrait); 2° Gabriel, seigneur de Gouttières, baron de Forges, marié, en 1640, à Marguerite du Fos. Ce dernier était seigneur de Gouttières, en 1653. Sa parenté s'est éteinte, au XIXe siècle, par Pauline-Henriette de Monestang de Chazeron, épouse du duc de Brancas. Jean-Jacques de Mascon, chevalier, était seigneur de Saint-Julien-la-Geneste et en partie de Gouttières, en 1716-1725. Joseph-Marien du Mayet de la Vilatelle, s'intitule, ensuite, baron de Gouttières, en 1686-1717, seigneur de la Vilatelle, de Saint-Julien-la-Geneste. Pierre-Alexandre du Mayet de la Vilatelle, lieutenant des maréchaux de France, son petit-fils, fut seigneur de Gouttières après lui. Ce dernier transmit cette terre à son neveu, Jean-Pierre-Marien-Alexandre du M. de la Vilatelle, capitaine de vaisseau, qui en jouissait en 1789. Au XVIIe siècle, un procès fut intenté, par le curé de Gouttières, au seigneur de ce lieu, pour obtenir les dîmes qu'il devait. Un arrangement, qui est aux archives de la cure, eut lieu. Gilbert Bourdeix, lieutenant au baillage de Pionsat, avait deux moulins paroisse de Gouttières, sur le ruisseau du Chalamont, en 1683. *Le baillage.* Gabriel Pracros, procureur d'office au bailiage de Gouttières, 1654; Gervais Pracros, procureur d'office, 1672; Gilbert Peyrony, greffier, 1655 (époux de Françoise de Chanonat, en 1655); Charles Chamalet, bailli, 1672; Jean-Antoine Charvilhat, bailli, 1721; Jean Vialette, bailli, mort en 1737; Etienne Vialette, bailli, frère du précédent, mort en 1782; Joseph Bottes, bailli, 1773; Xavier Vialette, bailli, 1778. *Maires*. François Chomard, 1791-1792; Gaby, 1793-1795; Etienne-Gilbert Vialette, 1796-1798; Michel Bottes, 1799-1804; Gilbert Cromarias, 1805-1806; Annet-Gilbert Boudaud, 1807-1815; Pierre Beaufort, 1816-1821; Annet Beaufort, 1822-1830; Bénigne-Joseph Boudaud, 1831-1865; Michel-Gilbert Gidel, 1866-1876; Gilbert Roudier, 1877-1887; Michel Bottes, 1888-1891. —*Anciennes familles*. XVIIe et XVIIIe siècles. Pierre Dupré, chirurgien à Gouttières, lieutenant du bailli de Saint-Gervais, 1670; Gidel (Gilbert Gidel, chirurgien à Gouttières, 1650 (voir aussi le mot *Les Vers*, du *Dictionnaire*, pour les Gidel); Bottes (voir plus haut la notice); Boudard, Roudier, Beaufort, Poumerol, Durel, Cromarias, Pouget, Chomard, Picaudet, Gallard, Caillot, Basset, Chabassière, Martin, Bourduge, Rousselet, Fayard, Lafon, Brunier, Cieret, Parrin (voir page 104), Jarsagnet, Semousut, Déboutin, Rougier, Gagnère, Rebeyrolles, Grand, Dumas, Thomas, Moulier, Gayte, Delonchambon, Bichard, Perony (Gabriel Perony, greffier au baillage de Gouttiéres, 1655); Duron, Monat, Versepuy, Villechenon, Roffet, Gory, Démonteix, Jasse, Dumazet, Tixier, Thevenet, Bonhour, Bonhomme, Boudet, Cassière, Daniel, Chanudet, Faugère.

Grandsaigne, com. de Saint-Priest-des-Champs. Fief aux de Servières, en 1709. Il y a plusieurs familles de ce nom dans Saint-Priest.

Grolière ou **Groslière** (com. de Charensat). L'étymologie vient de Groslière (Corneille), parce que ce lieu devait avoir beaucoup de ces oiseaux du pays Château et fief. Le château était précédé d'un perron. Du côté du perron, on voit encore une tour ronde décoiffée, qui ne manque pas d'intérêt (toit plat penché en avant), avec une porte intacte du XVe siècle qui conserve le blason des de Saint-Nectaire, représentant *une bande fuselée* (grattée en 1793) et des lions pour supports. Cette tour est attenante à une maison moderne, élevée de 1860 à 1870. Il y a encore les débris d'une cave du château. — *Seigneurs.* W. Grauleira, damoiseau, rendit la foi-hommage au prince Alphonse, vers 1260, pour ce qu'il possédait dans

RUINES DU CHATEAU DE GROSLIÈRE

la châtellenie de Bulhon (v. *Spicilegium Brivatense*, p. 56) Isabelle de Chantoiseau était veuve en 1307, de Guillaume de Groslière, damoiseau Guillaume de Rochedagoux, damoiseau, possédait le château de Grolière (appelé alors *maison noble*), en 1308. Aldin de Châteauneuf, chevalier, seigneur de Grolière.

1368 ; Pierre de Rochedagoux, chevalier, seigneur de Grolière, 1367. Arrive l'antique et illustre maison de Saint-Nectaire, *alias* et, par corruption, *Senneterre,* l'une des plus considérables de l'Auvergne, dont les armoiries sont : *d'azur, à 5 fasces d'argent accolées en fasce*. Les de Saint-Nectaire. Le dernier mâle des Saint-Nectaire, Henri-Charles, marquis de Rohan, baron de Dione, est mort en 1785. Cette illustre maison compte les ducs de la Ferté, les barons de Saint-Victour, les comtes de Brinon, etc., etc. Ils ont donné 5 chevaliers de l'ordre du Saint-Esprit, des ducs et pairs, des ambassadeurs, 2 maréchaux de France, plusieurs lieutenants-généraux, 3 évêques, des abbés d'Aurillac et de la Chaize-Dieu, etc. Ils sont originaires du lieu de Saint-Nectaire (Puy-de-Dôme), et connus dès 1040. Antoine I de Saint-Nectaire, seigneur de Groslière, Chevalier, en 1472, épousa Antoinette de Montmorin, dont Antoine II, seigneur de Groslière, qui assista en 1520, comme député de la noblesse d'Auvergne, à la réduction de la Coutume d'Auvergne, marié, en 1472, à Marie d'Allègre, dont Nectaire, écuyer des écuries du roi, bailli royal d'Auvergne et de la Marche, marié, en 1522, à Marguerite d'Estampes. Il fit sa déclaration au roi, en 1540, pour Groslière, et laissa Jacques, baron de Saint-Victour, de Groslière et Brinon, qui eut Groslière en partage en 1578, et fut marié, en 1575, à Françoise d'Anglars, fille de Jacques, seigneur de Saint-Victour, près d'Ussel, en Limousin. Le portrait de François, frère de Jacques, qui précède (ledit François, gouverneur de Metz, en 1556, chevalier du Saint-Esprit), se trouve dessiné au crayon du temps, au château de Castle-Howard, en Angleterre ; la suite des portraits au crayon, de ce château, a été publiée en 2 volumes in-folio (voir tome Ier). Jacques fut chevalier de l'ordre du roi,

DE SAINT-NECTAIRE

LE GÉNÉRAL DESAIX

Né au château d'Ayat, le 17 août 1768, tué à la bataille de Marengo, en 1800. (voir page 142).

gentilhomme de sa chambre et laissa autre Jacques, baron de Groslière, de Saint-Victour et de Brinon, qui testa en 1621, marié à Françoise de Saint-Germain d'Apchon. Après ce dernier, Groslière appartint à Paul de Saint-Nectaire, fils de Charles, comte de Saint-Victour, et neveu de Jacques qui précède. Il possédait Grolière en 1657. Jean de Sanguinière, chevalier, contrôleur ordinaire de la maison de la reine mère, fut seigneur de Groslière, en 1684-1690 (*Noms féodaux*, par dom Bettencourt, au mot Sanguinière). M. Goislard, conseiller au parlement de Paris, était seigneur de Groslière, en 1740. Pierre de Chardon des Roys, écuyer, posséda ce fief, en 1761. Il épousa une demoiselle Rollet de Lauriat; son fils, en 1789, en fut le dernier seigneur. — Il y a dans le canton de Saint-Gervais, une famille *Seneterre*, qui existe ailleurs, en Auvergne et qui descend des illustres *Saint-Nectaire* ou *Seneterre*, seigneurs de Groslière. En effet, on trouve, dans les registres paroissiaux de Biolet, au 24 janvier 1690, la naissance de Jean de Senetaire, fils de sieur Annet et d'Antoinette Lamadon. Il eut pour parrain Jean de Senetaire ou Senecterre, prieur de Saint-Victour, près de Besse (celui-ci de l'antique race des Saint-Nectaire) et, pour marraine, Elisabeth de Seneterre. C'est une branche de cette puissante famille, détachée seulement, vers 1640, et qui a eu, du reste, en patrimoine, la seigneurie de Bunleix, près de Groslière (voir page 153). Philibert de Senneterre, seigneur de Bunleix, vivait vers 1700. Pour sa descendance voir page 153. Les de Saint-Nectaire ne seraient pas éteints, car ils existeraient encore sous le nom de *Senetaire*, à Biollet (v. page 152).

Guintrand, com. de Gouttières. Une belle propriété située dans ce lieu, est, depuis des siècles, dans la famille Bottes (voir page 105) et appartient à Mme Caron, née Bottes. Loys Guyntrand, notaire, 1530. Pierre Rougier, avocat, construisit en 1540 une habitation à Guintrand. Il eut pour petit-fils, en 1656, Pierre Rougier, praticien, fils d'Antoine, sieur de

royal, et de Françoise Durel, qui est qualifié sieur de Levadou et Guintrand, époux de Françoise de Laussedat. Antoine Rougier, sieur de Levadou et Guintrand, 1742. Laurent Rougier, notaire royal à Pionsat, 1769. Louis Rougier, son fils, avocat en Parlement, notaire à Pionsat, 1771.

Jouhet, com. de Saint-Priest-Priest-des-Champs. A donné son nom à de nombreuses familles du pays.

La Besse, com. de Gouttières. Jadis, château et fief, aujourd'hui beau domaine de 120 hectares, appartenant à M. Caron, avocat général à Riom, qui en est possesseur par sa femme, descendante de la très ancienne et estimable famille Bottes. Le château féodal, qui était sur une butte et qui existait en 1532, fut pillé et incendié (vers 1580), lors des guerres de religion. On en voit l'emplacement. — *Les seigneurs.* Petitus de Reneyras, bourgeois de Saint-Gervais, était seigneur de la Besse, en 1260, et des villages de Vilata, Corbaryn, Chalamont. Il rendit foi-hommage pour ces fiefs, au prince Alphonse (v. *Spicilegium Brivatense*). Gabriel Mosnier, seig. de la Besse, en 1510, avocat de la sénéchaussée d'Auvergne, à Riom, eut pour fille Marguerite, dame de la Besse, mariée, vers 1530, à Antoine Arnauld, seig. de la Mothe-Villeneuve, né à Herment, vers 1500, fils d'Henri, châtelain de cette ville. Ledit Antoine fut, d'abord avocat à la sénéchaussée de Riom (1547-1551), procureur du roi en la même sénéchaussée (1553-1555), maître des comptes (1557), auditeur en la chambre des comptes (1573), anobli (1577), procureur général de la reine Catherine de Médicis; mort à Paris le 1er mars 1585. Il était huguenot; sa femme, Marguerite Mosnier, était la tante d'Anne du Bourg, conseiller au parlement de Paris, célèbre huguenot, brulé vif pour cette raison, en place de Grève, à Paris (1569). Le même Antoine rendit foi-hommage, pour le fief de la Besse, à Antoine de

Chazeron, baron de Pionsat et de Rochedagoux, le 19 juin 1564 (la Besse relevait de Rochedagoux) et laissa Jean, dit la Mothe-Arnaud, né à Riom en 1518, seigneur de la Besse, de la Mothe, secrétaire du roi, trésorier de France, à Riom (1587-1590), gentilhomme belliqueux, pendant la Ligue, et grand ligueur. Il assista au siège d'Issoire, en 1577, tua, à la bataille de Cros-Rolland (1590), le sieur d'Oradour de Saint-Gervazy, et périt au siège de Lezoux, le 8 avril 1592, en s'élançant au milieu de ses ennemis. Il avait épousé Marie Rougier (que nous croyons fille d'un Rougier, seig. de Guintrand) dont il eut Anne, dame de la Mothe, la Besse, mariée à Maurice Barthon, seigneur de Villemolage, près d'Evaux, (Creuse), qui, le 5 juillet 1636, vendit, à Gervais Bottes et à Claude Barthomivat, sa seigneurie de la Besse Cette famille Arnauld, compte les Arnaud marquis de Pomponne, seigneurs d'Andilly ; célèbres par leur esprit, leur science et leur séjour à Port-Royal, où plusieurs Arnauld étaient abbesses en renom. Les Arnauld ne comptent plus que la branche d'Artonne (Puy-de-Dôme), représentée par M. Marcellin Arnauld, membre de l'Académie de Clermont, auteur d'un ouvrage remarquable sur Saint-Paul. Armoiries : *d'azur, au chevron d'or, accompagné de 2 palmes et d'une montagne de même en pointe.* Claude Barthomivat, seigneur de Courtine, près Saint-Priest, acquéreur d'une partie de la seigneurie de la Besse, en 1636, appartient à une famille noble dont nous avons parlé (voir page 99). Il avait épousé, en 1592, Marguerite Chauveix, et testa en 1650. Il eut Jean, s. de la Besse, marié, en 1650, à Charlotte, dont, Jean, écuyer, marié en 1703 à Françoise de Jadon, dont Charles, maintenu noble, 1752, par la cour des aides de Paris, marié, en 1730, à Anne de Begon de la Rouzière, dont Claude, écuyer, s. de la Mothe, capitaine au

ARNAULD

régiment de Poitou, chevalier de Saint-Louis, marié, en 1773, à Jeanne-Nicole de Bonnevie, dont le comte Jean-Guillaume, page du comte d'Artois ; Il émigra, en 1791, et fut courrier des princes ; il devint, sous Louis XVIII, colonel de légion en résidence à Nantes, épousa Mlle Verdier du Barrat. Il est l'aïeul du comte B. de la Besse, résidant au château de Chabrignac (Corrèze), lequel a deux fils de dame Louise-Antoinette Vallier du Burguet, son épouse. La branche de ce dernier s'est fixée en Limousin, en 1822 Le frère cadet du comte Jean-Guillaume B. de la Besse, (Nicolas-Jules) reçu à l'école de la Flèche après preuves de noblesse, émigré en 1792, mort en 1845, se maria, à Moulins (Allier), à Madeleine de Maréchal et c'est l'aïeul de Roger, résidant à Loriges (Allier), célibataire. — Une autre famille de haute bourgeoisie, celle des Bottes, avait déjà, en 1542, une partie de la seigneurie de la Besse. Nous en avons donné la filiation (voir page 104).En 1636 (5 juillet), Gervais Bottes acquit de Maurice Barthon, seigneur de la Mothe, une nouvelle partie de la seigneurie de la Besse, qui resta à sa famille jusqu'en 1789 ; et la propriété passa après la Révolution, à la famille Bottes, du moins laplus grande partie, et elle est possédé entière, depuis 1890, par Madame Caron, née Bottes (1).

La Batisse, com. de Gouttières. Blaise Barthomivat en était seigneur, en 1667.

La Bourgheade, com. d'Espinasse. Y habitaient, en 1651 : Jean Nouheu, chirurgien ; Chassignol, bourgeois ; Thuel, bourgeois.

(1) Gervais Chardonnet, curé de Besserve, prêtre communaliste de Saint-Gervais avait une partie de la seigneurie de la Besse, en 1719. M. Grand, notaire à Saint-Gervais, était aux droits du précédent en 1789.

La Brousse, com. de Biollet. Son nom veut dire broussailles. Guillaume de Roche-Servières, damoiseau de la paroisse de Miremont, possédait, en 1352, le mas de la Brousse, pour lequel il rendit foi-hommage à l'évêque de Clermont. En 1351, Pierre de Rochedagoux, seigneur de Rochedagoux et du Puy-Malsignat, accomplit une formalité analogue pour la forêt de Brousse.

La Chabassière, com. de Saint-Gervais. Barthomivat, sieur de la Chabassière, 1666.

La Chalussa, ou *Chalus*, paroisse de Biollet. Bertrand de Prosto, damoiseau, possédait ce mas en 1331.

La Chasseignolle, com. de Saint-Gervais. Fief ayant appartenu aux Beneyton (1632).

Lacost, jadis *Lascot*, com. de Saint-Priest-des-Champs. Jean d'Astorgue, chevalier, seigneur de Chaludet, Lascots, capitaine de chevau-légers, épousa Gilberte d'Anglardon (fille de Jehan, écuyer, seigneur de la Gravière et de Lacost, en 1637) ; il eut Jeanne, dame de Lascot, mariée, en 1678, à Joseph de Sarrazin, seigneur de Bonnefond, dont Claude, seigneur de Lascost, lieutenant d'infanterie au régiment de la Vauguyon, marié à Mlle Barssc, de Saint-Gervais. Il eut. A. Michel, mort émigré en Suisse, pendant la Révolution. B. Marie, époux de François-Robert de Bretanges (d'une ancienne famille noble d'Auvergne), mort sans enfants voir page 164 pour la maison de Sarrazin.

La Fayette, com. d'Espinasse. Fief. Il est probable que ce fief a appartenu à l'illustre maison des Motier de la Fayette, qui a contribué à l'indépendance des Etats-Unis et qui portait :

de gueules, à la bande d'or, à la bordure de vair. Les La Fayette possédaient, aux XVIe et XVIIe siècles, la baronnie voisine du Montel-de-Gelat. Il y avait ici, dit-on, un château qui fut détruit, en 1567 par les Protestants. Michel Gomot, seigneur de la Fayette, bailli de Pierrebrune et d'Espinasse, en 1698. Beneyton, seigneur de la Fayette (1714-1725), épousa Françoise Pracros. Gilbert Beneytou, seigneur des Saignes, de la Fayette, en 1706, résidant à Saint-Gervais, épousa Françoise Gomot, dont Françoise, dame de la Fayette, mariée, en 1718, à Gilbert Chabrol, conseiller au présidial de Riom (frère du célèbre Chabrol, auteur du *Commentaire de la Coutume d'Auvergne*). Françoise Beneyton monrut à Ennezat, en 1761 ; elle fut la mère de Gabriel, seigneur de la Fayette, avocat, marié à Marguerite Tronet, dont une fille, propriétaire de la Fayette, mariée à M. Chardonnet, docteur-médecin à Saint-Gervais, dont Gervais, maire, notaire à Saint-Gervais, mort sans postérité, en 1864, marié à Adeline Boudaud du Chazal. La Fayette, appartient, actullement, à M. Carton, maire d'Espinasse, et consorts.

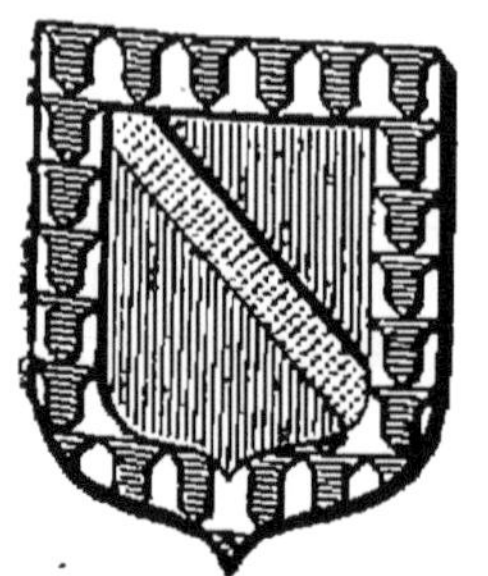

La Garde, com. de Gouttières. Domaine ; jadis fief. Gervais Archimbauld, sieur de la Garde, greffier de Saint-Gervais, 1657, époux de Marguerite Deschatres, Gilbert Archimbauld, sieur de la Garde, 1666. Pierre Archimbauld, seigneur de la Garde, 1744. Il eut Joseph Archimbauld de la Garde, 1787. (voir page 99).

La Gorsse. *La Gorce* (Etymologie : *Gorsse*, noisetiers), (com. de Charensat). Fief. Le château consiste en une grosse maison bourgeoise (XVIIIe siècle), appartenant à M. Breschard, avoué, à Montluçon. — *Seigneurs*. François de Douhet, écuyer, seigneur de la Gorsse, des Monneyroux, de Mondeyrand, etc. épousa, en en 1661, Catherine Dauphin, fille de César, bourgeois de Tauves, seigneur des Auzolles. Il fit enregistrer ses armoiries (*d'argent, au chevron de gueules*), à l'*Armorial Général* de France, en 1696; il descendait de François de Douhet, notaire royal et lieutenant général du bailli au Montel-de-Gelat, en 1597, et laissa: 1° Joseph, auteur de la branche des de Douhet de Villosanges (existante); 2° Jean-François, seigneur de la Gorsse, des Monneyroux, marié, en 1697, à Marie des Vergnes, dont Pierre, seigneur de la Gorsse, des Monneyroux, marié, en 1726, à Marguerite de Bosredon; il testa en 1740, laissant le château des Monneyroux à son fils ainé Jacques, garde du corps du roi, marié, en 1762, à Charlotte Marais de Beauchamps qui fut le dernier seigneur de la Gorsse, en 1789 (voir la généalogie de Douhet, *Histoire Généalogique de la maison de Bosredon*, par A. Tardieu, 1863, in-4°). La Gorsse fut acquis, après la Révolution, par Annet Breschard, marié à Julie Deval. Il eut pour fils, Emile, né en 1818, maire de Charensat, percepteur à Pontaumur, marié à Alexandrine Deshaires, qui eut: 1° Auguste, époux d'Augustine Edouard; 2° Clémentine, mariée, en 1866, à Charles Roux, percepteur à Champeix, dont: Emile, docteur-médecin; Marcel; Gabrielle et Marie-Thérèse. La famille Roux, originaire de Perrier, près d'Issoire, est très ancienne et très bien apparentée. La famille Bréchard est originaire du Montel-de-Gelat.

La Peize (com. de Gouttières). *La Pessa*, (1293). *La Peyse*, (1745). *La Peze. La Commanderie*. Il y avait, dès le XIII° siècle, une commanderie de l'Ordre de Saint-Jean de Jérusalem (plus tard, Malte), qui a existé jusqu'à la Révolution de 1789. En 1257, Guillaume de Rochedagoux, chevalier, seigneur de Rochedagoux, donna, à cette maison, des près et des terres. Les dépendances de cette commanderie étaient étendues, dans le canton de Saint-Gervais, et la commanderie elle-

ARMAND-JEAN-LOUIS DE LA QUEUILLE

Commandeur de la Peize, Tortebesse, Traslaigues, la Forêt, la Mazière-aux-Bons-Hommes, Courleix, en 1788.

(D'apres un médaillon conservé dans sa famille).

même était une dépendance de celle de Tortebesse, près d'Herment (Puy-de-Dôme); c'est ce que l'on appelait *un membre* de ladite commanderie de Tortebesse. Tous les commandeurs de Tortebesse pouvaient donc aussi prendre la qualification de commandeur de la Peizé. A l'origine (XIIIe siècle), ils s'intitulèrent précepteurs de la Pèze. — *Liste des commandeurs.* Amblard de l'Horme, 1247; Guillaume de Saint-Didier, 1253; Hugues de Chaslus, 1283; Ponce de Faye, 1293-1308; Robert Bertrand, 1306-1311; Raynald de Laschamps, 1321-1325; Robert de Chaslus, 1344-1349; Jean d'Entremont, 1365-1371; Pierre Merle, 1403; Jean de Vauzé ou de Veauce, 1409-1445; Jacques de Milly, qui devint grand maître de l'Ordre, 1445; Pierre de Bouillé du Charriol, 1447-1457; Beraud d'Audieu, 1470-1472; André Rolland, 1472-1530; Guy de Blanchefort, qui devint grand maître, 1499; Gabriel du Chier, 1537-1543; Guillaume Coppier, 1546-1555; Hugues de Villars de Blancfossé, 1559; Guy de Thianges, dit du Crozet, 1570-1573; Jacques de Chauvigny de Blot, 1573-1594, Louis de Sauzet, dit d'Estignères, 1604-1612; Jean-Louis d'Estaing, 1612; Guillaume le Groing, 1612; Philibert le Groing de Villebouche, 1616; Charles de Fassion de Sainte Jaye, 1627-1635; François Foucaud de Beaupoil de Sainte-Aulaire, 1642-1658; Raymond de Foudras de Coutanson, 1661-1680; Léon de Charry des Gouttes, 1681-1688; Garnaud, mars-juillet 1689; Louis-Claude de Lestang, septembre 1689-1713; Antoine de Pons, 1716-1729; Léonard d'Ussel, 1730-1739; Joseph de Fassion de Sainte-Jaye, 1740-1747; Annet-Joseph de Beaumont-Brizon, 1748-1750; Antoine-Joseph de Laube, 1750-1758; Nicolas-Claude-Martin d'Autier de Villemontée, mort le 6 septembre 1762; Claude-Marie de Sainte-Colombe de l'Aubépin, 1764-1770; Claude-Abel de Loras, 1771-1780; Armand-Jean-Louis de la Queuille, 1788; François de Peyroux, 1789. — On exploite, à la Peize, le grès houiller comme pierre de taille, depuis le XVe siècle. Mines de charbon présumées; recherches faites, en 1855, par la compagnie de Saint-Eloy : E. Edouard, ingénieur ; de Hénin, directeur-commanditaire. Une route, remplaçant les chemins impraticables qui existent, triplera l'extension commerciale de la Peize. Quant au charbon, il existe un filon important, qui, dit-on, est connu d'une grande compagnie d'exploitation houllière, mais tenu secret, en attendant les débouchés d'une voie ferrée ; ce filon traverse le Bois de Fourche, à 500 mètres.

La Pradelle, paroisse de Saint-Gervais. *La Pradella.* (1250). Ce fief appartenait à G. de Termes, qui en rendit foi-hommage au prince Alphonse (v. *Spicilegium Brivatense*, p. 68).

Laveix, com. de Saint-Julien-la-Geneste, dépendait, en 1725, du prieuré de Saint-Julien-la-Geneste. On y voit un vieux et beau tilleul servant jadis de limite avec la juridiction seigneuriale. Les revenus de ce village étaient affectés, avant 1789, aux émoluments de l'aumônier des Bénédictines de Saint-Julien qui s'appelait Michel Aymard, en 1731, et s'intitulait prieur.

L'Arche, com. de Gouttières. Moulin qui appartenait à la famille noble du Mayet de la Vilatelle (1732).

La Roche ou *Roche-Saint-Priest*, com. de Saint-Priest-des-Champs. Il y avait, avant 1789, une chapelle qu'avait fait élever l'abbaye des Bernardines de L'Éclache, (jadis près de Prondines, Puy-de-Dôme, canton d'Herment, et, depuis 1647, transféré à Clermont-Ferrand). L'Éclache avait été fondé probablement par Robert III, comte d'Auvergne, vers 1140. Ce monastère fit, de La Roche, le centre de ses propriétés aux environs de Saint-Priest-des-Champs. Le terrier de La Roche qui se trouve dans les archives de l'abbaye, aux *Archives* *départementales du Puy-de-Dôme*, fait savoir qu'elle prélevait, d'abord, une directe dans la paroisse de Saint-Priest-des-Champs, puis des droits féodaux sur les villages de Raghade, Laussedat, Les Paris, La Vergne, Le Bladeix, Barghon, Boscavert, Villemaine, La Chomette, etc., etc. paroisse de Saint-Priest-des-Champs. L'abbaye possédait aussi une dîme. un étang et quelques prés dans ladite paroisse, le tout affermé, par bail du 10 mai 1727, reçu Chaudessolles, notaire à Clermont-Ferrand, au sieur Maymat, de Pionsat, moyennant 670 livres. Voici la liste des abbesses de L'Éclache, en cette qualité dames de la seigneurie de la Roche (depuis l'origine à 1789). Marchèze Dauphin d'Auvergne, 1199 ; Alix, Dauphine d'Auvergne, 1231-1240 ; Elvide de Bauffremont, 1272 ; Dea, 1277 ; Marguerite de Turenne, 1287 ; Dauphine *alias* Faure de Roquefeuil, 1291 ; Alazie (de la Tour ?), 1297 ; Isabelle de Langeac, 1333-1368 ; Eléonore de Chaslus (de la maison des seigneurs du Puy-Saint-Gulmier), 1370-1400 ; Louise de Montrognon, 1400-1428 ; Agnès de Vassel, 1499 ; Louise de la Roche-Aymon, 1502-1508 ; Gabrielle de la Roche-Aymon, 1504 1529 ; Anne de la Roche-Aymon, 1530-1542 ; Gabrielle de la Roche-Aymon, 1542-1572 ; Jeanne de Flageac, 1572-1580 ; Marguerite de la Roche-Amon, 1580-1636 ; Gabrielle de Chabannes, 1636-1652 ; Isabeau de Chabannes, 1652-1563 ; Catherine-Angélique de Montmorin Saint-Hérem (nous donnons son portrait), 1657-1692 ; Françoise de la Roche du Ronzet, 1691-1722 ; Magdeleine-Gabrielle de la Roche du Ronzet, 1719-1782 ; Jeanne-Marie de Combres de Bressolles, 1782-1790. L'abbaye de L'Éclache portait : *d'or, à une croix crénelée de sable.*

La Rochette, com. de Saint-Gervais. Propriété qui appartenait à M. Favier, bourgeois, en 1762. Ce domaine passa, en 1825, à Gilbert Martin ; il est, de nos jours, aux mains de M. Martin-Sersiron, son petit-fils.

CATHERINE-ANGÉLIQUE DE MONTMORIN SAINT-HÉREM

Abbesse de L'Éclache (1657-1692), sœur de François-Gaspard de Montmorin-Saint-Hérem, seigneur de Saint-Gervais (voir page 83). Son abbaye possédait d'importantes propriétés à la Roche, près de Saint-Priest-des-Champs (voyez page 186). Ce portrait a été pris sur une toile conservée au château de la Barge (à M. le comte d'Aurelle de Montmorin).

La Vilatelle ou *Lavilatelle* (com. de Saint-Gervais). Château et fief. Le château a été rebâti à la moderne. *Les Seigneurs*. Cette terre a longtemps appartenu à la noble famille *Mayes* ou *Mayet* ou *du Mayet*, qui porte pour armoiries : *d'or, à 2 chevrons de gueules, accompagné en chef de 2 demi-vols abaissés d'azur*. Antoine Mayet, damoiseau, seigneur de la Vilatelle, épousa Florette de Bonnefont ; il vivait en 1470, et laissa Bertrand, écuyer, seigneur de la Vilatelle, en 1523, marié, en 1475, à Anne d'Astorg. Jacques de Mayet, seigneur de la Vilatelle, son descendant, épousa, en 1574, Marie de Prompsat, il testa en 1574 et fut enterré dans l'église de Saint-Gervais ; il eut Pierre, écuyer, seigneur de la Vilatelle, marié, en 1598, à Gabrielle de Mascon, dont Jean-Gilbert, écuyer, seigneur de la Vilatelle, marié, en 1629, à Françoise Pélisson, dont, François, écuyer, seigneur de la Vilatelle, marié, en 1659, à Marie Barthomivat du Colombier, dont Joseph Marien, baron de Gouttières, seigneur de la Vilatelle, Saint-Julien-la-Geneste, né en 1663, marié, en 1683, à Louise Bourdeix, dont Pierre, baron de Gouttières, seigneur de la Vilatelle, né en 1693, reçu page du roi en sa grande écurie, en 1710, lieutenant des maréchaux de France de la province d'Auvergne, marié, en 1721, à Gilberte du Fraisse du Cheix, dont 1° Antoine, qui suit ; 2° Pierre-Alexandre, lieutenant des maréchaux de France en 1741-1761. Antoine du Mayet, marquis de la Vilatelle, seigneur du Colombier, époux de Marie de Mauriat de Montrozier, laissa Jean-Marie-Pierre-Alexandre, comte du Mayet de la Vilatelle, né à Riom, en 1741, capitaine de vaisseau en 1789, époux d'Hyppolyte Rodde de Vernière ; celui-ci mort à Clermont-Ferrand, en 1803, laissant le comte Hyppolyte, marié à Mlle Baron des Fontaines, dont un fils Maxime et une fille mariée

DU MAYET
DE LA VILATELLE

à M. Baudin, fils de l'amiral Baudin (voir la généalogie de cette famille, *Histoire généralogique de la maison de Bosredon*, par A. Tardieu, 1863, p. 321). — Le château de la Vilatelle fut vendu successivement à MM. de Combarel-Cornudet, familier de Napoléon III. M. le marquis de Pierre le vendit ensuite à M. Gaillard-Ladevie ; il passa à M. Félix Dumoulin, banquier ; enfin, en 1851, à M. Jean Revon, colonel en retraite du 5ᵉ cuirassiers, commandeur de la Légion d'honneur (voir page 134). Celui-ci a épousé Félicie Huguet-Forion, petite-fille de M. Huguet, né à Billom (Puy-de-Dôme), en 1751, maire de cette ville, député de la sénéchaussée de Clermont-Ferrand, à l'Assemblée Nationale, en 1789 ; il a eu Claude, marié à Eugénie Baron, dont Jean Revon. Disons ici, que M. le colonel Jean Revon est le premier, dans le canton de Saint-Gervais, qui se soit occupé de l'amélioration de la race chevaline.

La Villefranche, *vulgo La Vialle*, (com. d'Espinasse), C'était un lieu de franchise pour le sel (voir page 47), d'où son nom significatif. Il passe pour fort ancien.

L'Ebaupin, com. de Biollet Son nom veut dire les beaux pins (ces pins existent).

Le Bladeix, com. de Saint-Priest-des-Champs. Fief qui appartenait à la famille Mazeron. Charles Mazeron, seigneur du Bladeix, bailli de Saint-Priest-des-Champs, en 1768 ; eut Charles-Amable, seigneur du Bladeix, né en 1758. Il reste, au Bladeix, une partie du château des Mazeron avec une tour.

Le Breux, com. de Biollet. Fief qui appartient aux de Valon du Boucheron d'Ambrugeac, seigneurs du Cheix, et, en

1742-1760, à Jean Lucard, huissier royal au baillage du Cheix, seigneur du Cheix.

Le Cheix (com. de Biollet). *Le Chier*, 1397, *Le Chey*, 1789. Château et fief. On croit que le château a dû être bâti après la ruine de celui de Biollet au bord et à l'est d'un étang encore existant (2 kilomètres de Biollet). C'était un corps de logis du XVIIIe siècle, sans caractère. Tout autour, régnait, gravée sur un cordon de pierre de Volvic, une inscription latine. Il reste une masure dénaturée, notamment, la cuisine. — *Seigneurs.* Chatard de Rochedagoux, seigneur du Cheix, bailli des montagnes d'Auvergne (1397). La famille noble Le Loup, connue depuis Blain, Le Loup, vassal du pays de Combrailles, en 1249, et dont la filiation se suit depuis autre Blaise, écuyer du duc Louis II de Bourbon (1390), marié à Marie de Mérinchal, a possédé le Cheix environ cent ans. Les armes des Le Loup : *d'azur, au loup passant d'or.* Antoine du Chier ou du Cheix, seigneur du Cheix, épousa Antoinette de Montaigut et laissa Antoinette, dame du Cheix, mariée vers 1540, à François Le Loup, fils de Jacques, seigneur de Préchonnet, Chavanon, le Ronzet, et de Jacqueline de Montmorin ; dont Antoine, seigneur du Cheix, co-seigneur de Préchonnet (1591), père d'Annet, seigneur du Cheix, Chalusset (1607), marié à Charlotte de la Roche-Aymon, dont Gabrielle, dame du Cheix, de Biollet, mariée, le 6 mars 1640, à Gilbert de Vallon de Boucheron d'Ambrugeac. La famille de ce dernier est originaire du Quercy et prouve sa filiation depuis 1399. La terre d'Ambrugeac, en Limousin, près de Meymac, où ils se fixèrent, arriva aux de Valon, en 1399. Donc, Gilbert de Valon du B. d'Ambrugeac, épousa : 1° en 1640, Gabrielle Le Loup ; 2° Gilberte de Chaslus de la Borde ;

LE LOUP

du second lit : Charles, seigneur du Cheix, marié, en 1668, à Marie de Chauvigny de Blot, dont François, seigneur du Cheix, marié, en 1701, à Rose de Bessuéjoul de Roquelaure, dont Jacques, comte d'Ambrugeac, seigneur de Termes, de Biollet, Le Cheix, Puy-de-Prat, marié, en 1727, à Louise-Magdeleine Ranconnet d'Escoirs, dont : 1° Gabriel-Louis, qui suit : 2° François-Charles, né au château du Cheix, en 1729, mort en 1749 à la bataille de Lawfeld ; 3° Joseph-Alexandre, né en 1733, chevalier de Malte. Gabriel-Louis de V. de B. d'Ambrugeac, né en 1732, seigneur du Cheix, épousa, en 1766, Marie Jeanne, vicomtesse d'Erlach. Il émigra à la Révolution et laissa : 1° Alexandre-Charles, qui émigra ; rentré en France, il fut nommé colonel (1813) ; commanda un corps de royalistes dans le Maine, occupa Lude et Le Mans (1815 dont les habitants lui offrirent une épée d'honneur ; 2° Louis-Alexandre-Marie, comte d'Ambrugeac, né à Paris le 6 octobre 1771, émigré (1792), maréchal de camp (1815), lieutenant général après la guerre d'Espagne (1823), où il avait commandé une partie de la garde royale ; pair de France (1823), mort à Paris le 25 mars 1844 ; il avait épousé Marie de Marbeuf, morte en 1867, dont Charles, résidant à Neuvy-l'Abbesse, près de Nogentel (Aisne). Armes : *Ecartelé aux 1 et 4 d'or, à 3 lions de gueules, 2 et 1 ; aux 2 et 3, contrécartelé d'or et de gueules.* La propriété du Cheix fut vendue, vers 1825, par le marquis d'Ambrugeac, pair de France (voir 1° une étude sur le Cheix, par H. Gomot, alors procureur de la République, à Riom, 1873, Société du musée de Riom et 2° Etude sur le Cheix par A. Madebène (*Moniteur du Puy-de-Dôme*, octobre 1887). Le portail principal du château, style XVI° siècle, en pierre de Volvic, est en la possession de M. Marc

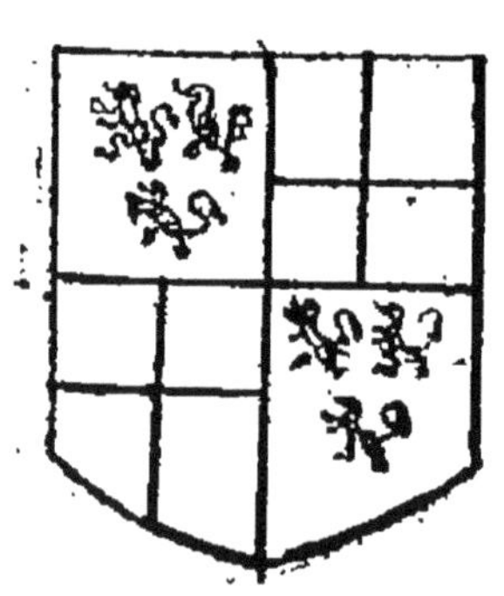

DE VALON
DE BOUCHERON
D'AMBRUGEAC

Gachet (époux de Marie Madebène), avocat à Saint-Etienne, propriétaire à Biollet.

Le Colombier (com. de Saint-Gervais). C'était le Colombier seigneurial du château de Saint-Gervais. Fief. François Barthomivat, écuyer, seigneur du Colombier, épousa Aimée du Fresne. Il eut Marie, mariée, en 1659, à François du Mayet, écuyer, seigneur de la Vilatelle (voir page 188). Leur descendant, Antoine du Mayet, seigneur de la Vilatelle, possédait ce fief en 1780. Robert de la Gravière, écuyer, seigneur des Boullières, épousa Marie Barthomivat, fille de François qui précède. Il vivait en 1685 et résidait au Colombier.

Le Davideix (com. de Saint-Priest-des-Champs). Fief aux de Servières, en 1789.

Le Fal (com. de Saint-Gervais). Berceau de la nombreuse famille Dufal, dont le nom devrait s'écrire du Fal. (Tuileries importantes).

Le Fournial, com. de Sauret. Berceau de la famille Fournial qui compte un chirurgien, un curé, de Besserve (1659).

Le Fraisse (com. de Gouttières). Il y avait une chapelle, dont Boutet était chapelain, en 1670. Fief qui provenait des du Fraisse, seigneurs de Sainte-Christine (v. ce mot). Les Cromarias (du Fraisse), famille très ancienne. Eugéne Cromarias, ingénieur breveté de l'Ecole des Mines de Paris, né en 1857. La famille Cromarias est une des plus estimables de la région. (voir Saint-Priest-des-Champs).

Le Levadou (com. de Gouttières). Propriété qui, depuis des siècles, appartient à l'ancienne famille bourgeoise Bottes,

Les aînés y ont résidé continuellement jusqu'à nos jours (voir page 104 pour la généalogie). C'est le berceau de cette maison. Importantes tanneries, au 17e siècle.

Le Mazet (com. d'Espinasse). Lieu d'origine de la famille de ce nom. Nouhen, famille bourgeoise, connue dès 1710.

Le Montelhet (paroisse de Biollet). Isabelle, veuve de Pierre Bobol, rendit foi-hommage à l'évêque de Clermont, en 1353, pour ce lieu (Archives départementales du Puy-de-Dôme).

Le Pradeix (com. de Saint-Priest-des-Champs). *Pradel en Chauderon* (1684). Fief. Jean Barthomivat, écuyer, seigneur de Courtine, la Besse, rendit foi-hommage au roi, pour ce fief, en 1684, et le tenait de son père, Claude (*Noms féodaux* par dom Bettencourt). La famille Mazeron possédait cette terre, au XVIIIe siècle, et en prend le nom actuellement. Ce qui nous oblige à donner la filiation de cette maison de haute bourgeoisie et qui porte : *d'azur, au chevron d'or, accompagné de 2 étoiles d'argent en chef et d'un soleil d'or en pointe ; au chef d'or.* Charles Mazeron, seigneur du Bladeix, du Pradeix, Buffevent, bailli de Saint-Priest-des-Champs, épousa 1° Anne-Gilberte Nony ; 2° Petronille de Sarrazin, fille de Claude, seigneur de Laubepin. Du 1er lit ; Charles-Amable Mazeron du Bladeix, né en 1758 ; 2° une fille mariée à Gilbert Laville, juge de paix à Montaigut-en-Combrailles, né vers 1770 ; du second lit : 3° Mazeron de Buffevent, prêtre ; 4° Philibert Mazeron du Pradeix, président du tribunal civil d'Aubusson, marié à Hortense Augier de

MAZERON DU PRADEIX

Montgrenier, dont A. Aména, mariée, en 1831, au vicomte de Courtilhe de Saint-Avit; B. Philibert-Louis-Alfred Mazeron du Pradeix, avocat à Clermont-Ferrand, marié à Marie-Magdeleine Fayon, dont A. Philibert-Marie-Joseph, marié à Joséphine-Angèle Testras de Folmont; 5° Claude Mazeron de la Mothe, mort à Saint-Priest-des-Champs en 1854; 6° une fille mariée à Gilbert-Victor Graud, notaire royal à Saint-Gervais. C. une fille mariée à Gilbert-Félix Laville, de Montaigut, né en 1798, dont Gilbert-Henri Laville, marié à Mlle Boirot, dont Gilbert-Félix Laville, époux de Mlle Revon; D. une fille épouse de M. Choriol, juge de paix à Ussel.

Le Prat (com. de Saint-Gervais). A donné son nom à la famille Duprat, dont les représentants sont au Prat et à Pionsat. Jean-Gervais Beneyton, bourgeois, y habitait, en 1685.

Le Puy du Prat (com. de Biollet). Fief. — Mazeron, ancienne famille bourgeoise, connue dès 1680. Gourson (1740), famille alliée, subsidiairement, aux Géraud-du-Montel. Guillaume de Villars, seigneur du Puy du Prat, mourut âgé de 75 ans, en 1716. Jacques de Valon du Boucheron d'Ambrugeac, seigneur du Cheix, le Puy du Prat, 1730.

Le Teil (com. de Saint-Gervais). *Tylia* (1250). *Le Telh* (1260). S. Assalit, chevalier, était seigneur de ce lieu et en rendit la foi-hommage au prince Alphonse, vers 1260 (*Spicilegium Brivatense*, p. 65). Guillaume du Teil, sergent d'armes, qui était également seigneur du Teil, accomplit une formalité analogue à la même date (*Spicilegium Brivatense*, p. 69).

Le Teillot, jadis *Le Teilhot*, (com. de Saint-Priest-des-Champs). Fief et Château Il y avait un petit château, ainsi appelé à cause d'un tilleul qui l'ombrageait. C'était un bâtiment du XVIIIe siècle avec tour ronde au flanc droit. Rasé, vers 1870, par M. Edouard, (de Biollet); il n'en reste pas pierre sur pierre. Anne Lardif, fille de Gilbert, seigneur du Theilot, épousa, le 31 juillet 1641, Henri de Servières, écuyer, seigneur de Couronnet, dont 2 fils; 1° Gilbert, seigneur du Theilot, mort sans enfants; 2° Jean-Marien, seigneur du Theilot, en 1724, époux de Gilberte d'Alexandre, dont Gilbert, seigneur du Theilhot, marié à Catherine d'Aurière, aïeul de Gilbert, comte de Servières, chevalier de Saint-Louis, etc., né en 1763, mort en 1821, dernier seigneur du Teilhot, en 1789, marié à Adelaïde de la Salle. Ce dernier émigra à la Révolution. (pour la famille de Servières, voyez page 164). A son retour, le Theillot, qui lui avait été gardé intact, pendant la Terreur, par J.-B. Gory (de Saint-Priest) lui fut rendu. Le Teilhot fut acquis, en 1832, par Annet Breschard et passa à sa fille Elise, épouse Madebène, puis, en 1870, à Amélie Madebène, épouse Edouard, dont Stéphanie, mariée à Michel Roddes, ingénieur des mines à Montrambert (Loire).

Le Vernadel (com. de Saint-Priest-des-Champs). Fief qui, en 1684, appartenait à Jean Barthomivat, écuyer, seigneur de Courtine, la Besse, lequel en rendit la foi-hommage au roi et qui le tenait de son père, Claude (*Noms Féodaux*, par Dom Bettencourt). Voyez le mot Saint-Priest-des-Champs, pour la famille Cromarias.

Les Abouranges (com. de Sainte-Christine). Il y avait une famille appelée *de la Garenne*, fort ancienne et aussi une propriété aux Beneyton. Un des villages les plus importants du canton.

Les Barses (com. de Saint-Priest-des-Champs). Fief. Gervais Lardif, bourgeois, seigneur des Barses, 1685. Anne Charvilhat, sa femme. Cette famille Lardif a eu aussi Le

Theilot (voir ce mot au *Dictionnaire*). François Golfier, prieur de Notre-Dame du Bon Secours, au diocèse de Châlons et Françoise Golfier, sa nièce, possédaient la seigneurie des Barses de 1669 à 1723. d'Agonneau de Marcilly, seigneur des Barses, 1740. L'ancien château des Barses appartient actuellement au docteur Alfred Baisle, médecin, marié à Elisa Juilhard; il était, antérieurement, depuis plus d'un siècle, dans la famille Juilhard.

Les Chiers, près de Gouttières. Propriété à la famille bourgeoise Parrin, en 1698.

Les Combes (com. de Saint-Gervais). Fief. Antoine Barthomivat, seigneur des Combes, fut père de Pierre, seigneur des Combes, bailli de Chazelles (1689), résidant à Neuveéglise, marié à Marie de Chauvigny de Blot, de l'antique maison de ce nom ; celui-ci laissa 2 filles, l'une Anne, épousa, en 1726, Jean Durel, à Saint-Gervais ; l'autre, Marie, en 1727, François Grand, de Saint-Gervais.

Les Condaubeix (com. de Biollet). Tire son nom d'une famille de jadis.

Les Fayes (com. de Gouttières). Etienne Achard, écuyer, seigneur de la Cresne, capitaine d'armes du cabinet du duc d'Orléans, résidant à Bellenaves, avait un moulin dans ce lieu, en 1683.

Les Lignières ou *Les Lignères*, *Les Linières*, *Lineyras* (1342). (*Lignara*, dans les bois). *Lineyras*, en 1352, (com. de Charensat). Château et fief important. Du château, qui était orné de tours ; il ne reste que des vestiges et une tour en ruines. Vers 1834, M. Gaillard, marchand de biens, au Montel-de-Gelat, en vendit la pierre de taille. Actuellement, il y a, à côté du château détruit, deux métairies ; les écuries du château sont à peu près debout. — *Seigneurs.* Longtemps, cette terrre a appartenu à la noble maison de Lignières, qu'Audigier, (*Hist. d'Auvergne*) dit, sans fondement, se rattacher aux barons de Lignières, en Berry; ces derniers se sont éteints, suivant le Père Anselme, en 1432. La famille de Lignières qui nous intéresse portait pour armoiries, *d'or, au lion grimpant de sinople.* (*Pièces originales*, Bibliothèque Nationale, registre 1720). Dans l'abbé de Vertot (Histoire des chevaliers de Saint-Jean de Jérusalem), il y a un César de Lignières dit la Boudy, qui fut reçu chevalier en 1569, et qui portait des armes un peu différentes : *de sinople, au lion grimpant d'or couronné d'une couronne antique de gueules.*

DE LIGNIÈRES

Pierre de Lignières, dit de *Lineyras*, seigneur de Lignières, rendit foi-hommage à l'évêque de Clermont, en 1342. Jean Fabre, fils de Bertrand de Rochedagoux, avait des droits féodaux aux Lignières, en 1397. Guillaume de Lignières fut tué à la bataille de Poitiers, en 1356. François de Lignières (1479), épousa Anne de Galanet. Jean de Lignières, vivait en 1520-1527. Celui-ci eut 1° Bertrand, qui suit ; 2° un fils cadet, auteur de la branche des de Lignières, établis à Saint-Gervais. Les nombreuses archives, possédées par M. l'abbé Teytard (1), curé d'Aubière (porté page 130), établissent, d'une manière certaine cette intéressante jonction à la grande

(1) La branche des de Lignières (de Saint-Gervais) obligée d'embrasser la carrière commerciale, vers le milieu du XVIe siècle, existe encore, sous le nom de *Deslignières*, à Saint-Gervais. M. l'abbé Teytard, curé d'Aubière, est l'un de ses représentants. Cette branche ayant *dérogé*, fut méconnue de la branche aînée ; mais les archives sont là qui constatent une souche commune indiscutable.

famille des de Lignières et confirment la tradition mentionnée, déjà, à la notice de la page 108. Bertrand de Lignières, seigneur des Lignières, fut père d'Antoine, seigneur des Lignières, grand homme de guerre de son temps. Il fut vicomte de Bridiers, panetier de France (1567), ensuite capitaine de 200 hommes de pied des vieilles bandes françaises, chevalier de l'ordre du roi, et fut nommé (12 novembre 1567), capitaine de 50 hommes d'armes des ordonnances du roi; il était aussi gouverneur de Chartres sous Charles IX, qui lui avait promis le bâton de maréchal de France. Il avait épousé, en 1566, Françoise de Courtenay, fille de François, seigneur de la Grange-Bleneau, en Brie, et de Marguerite de la Barre, vicomtesse de Bridiers, dont: 1° Claude, mariée, en 1res noces, à Raymond-Roger de Bernets, gouverneur de Boulogne, dont la fille Diane porta la seigneurie de Lignières, en 1608, à Gaspard II de Montaignac, baron de l'Arfeuillère, etc., seigneur de la Couture, fils aîné de Jean II et de Claude de la Buxière; La famille de *Montaignac* ou de Montagnac, de très vieille noblesse, qui existe dans la Marche, le Limousin et les Ardennes, porte pour armes: *de sable, au sautoir d'argent, accompagné de 4 molettes de même*. Devise: *Pro fide et patria*. Donc, Gaspard II de Montaignac, qui était né en 1585, devint seigneur des Lignières, en épousant, le 21 novembre 1608, Diane des Bernets, qui lui apporta la moitié de cette terre; l'autre partie, il l'acheta, le 4 avril 1629, de sa belle-sœur, Lucrèce des Bernets, épouse de Jean de Briquemault, chevalier, seigneur dudit lieu, en Champagne. Gaspard II laissa François I de Montaignac, baron de l'Arfeuillère, seigneur des Lignières, de la Couture, etc., marié, en 1637, à Gilberte de

DE MONTAIGNAC

la Rochebriant, dame de Chauvance et d'Aubière. Il mourut le 26 mai 1675. Sa mère résidait aux Lignières, qu'elle donna à son aîné Gaspard, baron d'Aubière, marié en 1682, à Françoise de Mascon, dont un fils mort jeune, qui laissa Lignières à son oncle, François de Montaignac, lequel avait été chevalier de Malte et épousa, le 19 janvier 1698, Marie de Salvert de Montrognon, fille unique d'Antoine, chevalier. seigneur de de Roziers, Vergheas, Villesouris, Mazirettes. François testa en 1715 et mourut peu après. Sa veuve rendit foi-hommage au roi, en 1717, pour les Lignières (*Noms féodaux*, par dom Bettencourt). Cette veuve restait aux Lignières. Ils eurent Gilbert-Claude, marquis des Lignières, seigneur de Roziers, la Couture, marié, le 8 octobre 1734, à Marie de Malras, fille du baron d'Yolet, seigneur d'Auteyrat; celui-ci périt dans la Sioule débordée, qu'il traversait à cheval, au Pont-du-Bouchet et laissa : Antoine, marquis des Lignières, seigneur de Saint-Sandoux, mousquetaire de la garde du roi, marié, en 1756, à Antoinette de Lastic, sa cousine. Ils eurent : François-Antoine, marquis des Lignières, seigneur de la Couture, d Saint-Sandoux, Entraigues, Beaulieu, Auteyrat, Peuchaut, etc., né le 29 septembre 1764, admis aux honneurs de la cour en 1784, marié à Paris, le 23 novembre 1784, à Aglaë Chapt de Rastignac, qui devint dame d'honneur de la comtesse de Provence, et mourut sans enfants, en émigration. Le marquis de Montaignac des Lignières, servit en émigration, dans l'armée des princes ; revint à Saint-Sandoux et y mourut en 1824. Il existe de lui, un portrait, au physionotrace, par Quenedey, gravé en 1816. Après lui, Lignières appartint à sa cousine-germaine Marie-Magdeleine-Charlotte-Antoinette-Hélène de Lastic, mariée au comte de Saisseval, officier supérieur de cavalerie, chevalier de Saint-Louis ; elle est morte en 1850, à Paris, âgée de 92 ans. Elle avait été dame d'honneur de Mme Victoire de France, de 1774 à 1791. — *La Justice.* Lignières avait droit de justice, haute, moyenne et basse, et un bailli. Jacques Roudaire, notaire à Termes, bailli de

Lignières, 1677-1707; François Gomot, dernier bailli, 1790; autres baillis, au 18e siècle; Annet Pouchol; F. Pouchol (de Gibreix). Les descendants de ces baillis sont M. Gomot (H.), sénateur (voir page 137); P. Pouchol, ancien notaire, à Charensat, et M. le docteur Roudaire, à Lapeyrouse (v. page 154). Clermont était notaire aux Lignières, en 1792.

Les Ouches, com. de Saint-Gervais. Etang et moulin, appartiennent à la famille Boyer, depuis 1734.

Les Paleines (com. de Saint-Gervais), Etymologie probable (*in pallidibus,* dans les marais). L'armorial, publié par d'Auriac, en 1859, a donné la filiation de la branche Barthomivat, qu'il rattache à Claude Barthomivat, écuyer, seig. de la Besse, lequel testa en 1650, et s'était marié en 1592. Mais les archives de Mme Caron, née Bottes, l'établissent de la manière certaine que voici: 1. Gervais I Barthomivat, que nous croyons fils de Jean, notaire royal à Saint-Gervais, en 1546, épousa Anne Brosson. Il eut: 1° Gervais, qui suit; 2° Michelle, mariée, en 1573, à François Bottes. II. Gervais II Barthomivat, notaire royal à Saint-Gervais, épousa Antoinette du Fraisse, dont: 1° Blaise, qui suit, 2° Claudia, mariée à Gervais-Antoine Lardif, seigneur des Barsses et de Couronnet. III. Blaise B., baptisé à Saint-Gervais, le 5 octobre 1599, épousa Anne Beneyton, dont Antoine, baptisé à Saint-Gervais le 26 octobre 1633, seigneur de la Brousse, la Chaux, lieutenant du baillage de Saint-Gervais (1689), maintenu dans sa noblesse, le 15 janvier 1767, par M. de Fortia, intendant d'Auvergne, par filiation remontant à François Barthomivat, homme d'armes, en 1512. Il épousa le 4 juin 1657, Gervaise Bottes, dont Blaise, avocat, seigneur des Paleines (1703), la Chaux (1718), marié, le 20 mai 1702, à Anne Cassière; il s'établit à Clermont-Ferrand, fut secrétaire de la municipalité de cette ville (1723) et laissa Annet, avocat, seig. des Paleines, échevin de Clermont (1736), puis maire de cette ville en 1751 et, de 1769 à 1772, mort en 1783, à 78 ans, marié, en 1733, à Antoinette Luquet ; il eut Louis, seig. des Paleines, né en 1738, conseiller au conseil supérieur de Clermont-Fd., mort à 33 ans, en 1771. qui eut Claude, dernier seig. des Paleines, en 1789, avocat en parlement, ancêtre de François-Félix B. des Paleines, né en 1838, marié, en 1859, à Anne Parrin, résidant à Pierre-Gros, près de Courpière (Puy-de-Dôme), père de Marie, née en 1864.

Les Vers (com. de Gouttières) Là, résidait l'ancienne famille bourgeoise Gidel, qui compte Gilbert Gidel, chirurgien à Gouttières, en 1650, M. Gidel, des Vers, fut pendant la Terreur, procureur du district de Gouttieres. Il sauva les cloches de ce lieu, en les enterrant chez lui. Son fils s'établit à Gannat (Allier) où est né le savant et estimé M. Gidel, professeur actuel du Lycée Louis-le-Grand, à Paris. Famille *Basset*, très ancienne, alliée aux Vialette. *Roudier* (on écrit *Rodier*, sur les vieilles minutes), famille ancienne (voir curés de Biollet).

Les Saignes (com. de Saint-Gervais). Fief. Gilbert Beneyton, était seigneur des Saignes, en 1718. (v. page 102).

Les Vestizons, com. de Saint-Julien-la-Geneste. Moulin du couvent des bénédictines de Saint-Julien-la-Geneste. Les Aymard en sont propriétaires de père en fils, depuis 1734.

Linard, com. de Saint-Gervais ; Gilbert Barthomivat, seigneur de Neufvialle, Linard, 1774.

Longvert, com. d'Espinasse, a donné son nom à une famille de ce nom, dont un Delongvert, chirurgien, à Riom, en 1721.

Mamont, com. de Saint-Gervais, François Fournier, bourgeois de ce lieu, époux de Françoise Vialette (1731).

Martinon, com de Biollet. Dépendait de la seigneurie du Cheix (voir page 190). Berceau d'une ancienne famille de ce nom.

May, com. de Charensat. Il y avait, là, des propriétés appartenant aux Chartreux du Port-Sainte-Marie, avant 1789. May, figure, au XVIIIe siècle, sur un fort joli plan du territoire de Charensat (possédé actuellement, par M. Bosclard, au château des Monneyroux; v. page 160).

Mayet, com. de Saint-Gervais. Ce lieu, sûrement, a donné son nom à la noble famille *du Mayet* de la Vilatelle (voyez le mot *La Vilatelle*, de ce Dictionnaire). Des gens de ce village crurent avoir remarqué l'apparition de revenants dans le cimetière de Saint-Gervais qui est à deux pas..; des farceurs, sans doute, (voir un article signé Jean Prouvaire, pseudonyme de feu M. H. Lapierre, *Moniteur du Puy-de-Dôme*, 1884). En 1793, à l'époque de la Terreur, la statue de Notre-Dame de Pitié fut cachée dans l'étang de Mayet, aujourd'hui desséché. Il existe une légende.

Mazeron, com. de Saint-Priest-des-Champs. Ce lieu a donné, sûrement, son nom à l'ancienne famille, de haute bourgeoisie, Mazeron (voyez le mot *le Pradeix*, de ce Dictionnaire).

Montarlet, com. de Saint-Gervais. Etymologie: *Mons aratorum*? (Mont des laboureurs). Cette propriété appartenait aux Chartreux du Port-Sainte-Marie qui y avaient une habitation ainsi qu'aux *Edieux*. Le tout fut acquis, en 1789 (acte reçu, Vialette, notaire), par les sieurs Aubignat, Chardonnet, Goursonnet. Dom Gerle, prieur des Chartreux, y venait souvent, et, prévoyant la Révolution, eut soin de mettre en vente, avant les grands évènements, une partie des biens du couvent. En juin 1788, il offrit un diner, dans l'une des salles de la maison des Chartreux, à Saint-Gervais, aux notabilités du pays et, là, fit un discours éloquent (voir page 62).

Moulin du Pont, com. d'Espinasse. Il appartenait, en 1729, à la famille noble de Sarrazin, des seigneurs de Lacost. Une ancienne famille Dumoulin-Dupont existe encore (voir page 66)

Moulis Grand, com. de Saint-Gervais. W. de Termes était seigneur de ce village (appelé *de Molis*), en 1260, et rendit foi-hommage au prince Alphonse.

Neufvialle, jadis **Neufville**, com. de Saint-Gervais. Fief qui a appartenu, anciennement, à la famille de *Neuville*, de Saint-Gervais (dont nous avons parlé page 118). Il passa, ensuite, plus tard, à une branche des Barthomivat (les Barthomivat de Neufville, existants ; v. page 99). Pierre Barthomivat, écuyer, seigneur de Neufville, procureur du roi au grenier à sel de Saint-Gervais, épousa, en 1698, Anne Faure (de Saint-Gervais). Il eut Jean-Baptiste, écuyer, seigneur de Neufville, né à Saint-Gervais, le 1er mai 1701, marié à Marguerite Grellet, dont Gilbert, écuyer, seigneur de Neufville, marié, en 1774, à Marie-Anne Paty, dont 2 fils ; 1° François-Charles, qui suit ; 2° Pierre, notaire royal à Cébazat, dont une fille épouse Delaire, dont Camille, épouse de M. Martin, dont un fils,

BARTHOMIVAT
DE NEUFVILLE

actuellement avoué à Bourges. François-Charles B. de Neufville, épousa, en 1809, Anne-Coraly de Reynaud, dont Pierre Eugène marié, en 1831, à Marie-Louise Chamerlat de Bourrassol, dont, Pierre-Augustin-Edmond, marié, en 1867, à Jeanne-Marie-Antoinette de Courson de la Villeneuve, fille du général. Il mourut en 1871, laissant Félix-Augustin-Marie, né le 14 juin 1868. Neufvialle, appartient, actuellement, au docteur Tartière, médecin major de 1re classe. (v. page 99).

Pierrebrune. com. d'Espinasse. Château. *Les seigneurs* Pierrebrune était qualifié baronnie. Audin de Châteauneuf, seigneur de Pierrebrune, 1399 ; Guillaume de Châteauneuf l'était, en 1429. Catherine de Châteauneuf, dame de Pierrebrune, épousa, vers 1460, Jacques Le Loup, chevalier, seigneur de Préchonnet, d'une antique noblesse d'Auvergne (voyez page 190), chevalier, seigneur de Préchonnet, Beauvoir, Chalusset, Saint-Marcel, dont : 1° Jacques, auteur de la branche de Préchonnet, qui s'éteignit par Anne Le Loup, laquelle veuve de Gilbert de Langeac (qu'elle avait épousé en 1608), fut la première supérieure vénérée des Visitandines de Montferrand (sa vie a été publiée) ; 2° Louis, seigneur de Pierrebrune, mort à Bordeaux, le 21 avril 1526, marié à Autonia de la Fayette, dont : 1° Gilbert, né au château de Pierrebrune, le 23 mars 1525 ; 2° Christophe, né à Pierrebrune, le 1er février 1526, baron de Ménétou-sur-Cher, seigneur de Pierrebrune, Mérinchal, Egurande, Chavanon (1565), etc , chevalier de l'ordre du roi, lieutenant de la compagnie d'ordonnances de la Fayette, mort le 26 juillet 1583, enterré dans la chapelle des Bénédictines de Saint-Pourçain, marié à Clauda de Malain, dame de Digoine, dont Blain, seigneur de Pierrebrune, Bellenave (1626), marié, en 1594, à Charlotte-Louise Jehan, dame de Bellenave, dont Claude, seigneur de Bellenave, Pierrebrune, mort en 1645, marié 1° à Magdeleine Floriselli ; 2° à Marie-Gabrielle Guénégaud, dont Marie, dame de Bellenave, Espinasse, Pierrebrune, mariée 1° à François de Rochechouart, marquis de Chandenier ; 2° à René Gillier, marquis de Clérambault et de Mormande, dont Marie-Gillone, mariée, en 1696, à Charles-François-Frédéric de Montmorency-Luxembourg, duc de Piney, gouverneur de Normandie, dont Anne de Montmorency-Luxembourg, marquis de Vigny,

CHATEAU DE PIERREBRUNE (actuel)
(avec le paysage qui l'environne)

seigneur de Pierrebrune, Espinasse, père de Gilberte-Françoise, mariée au duc d'Antin. Cette dernière vendit la baronnie de Pierrebrune et la seigneurie d'Espinasse, le 28 novembre 1755, moyennant 80.000 livres, à Michel-Gaspard Pasquanet de Lavaud, écuyer, seigneur de Lavaud-Blanche de l'Etang, né en 1704, lieutenant de cavalerie, chevalier de Saint-Louis, marié, en 1727, à Gilberte de Momet. Celui-ci mourut en 1788 et laissa Denis, baron de Pierrebrune et seigneur de Lavaud-Blanche, l'Etang, Gioux, Espinasse, né en 1732, capitaine de cavalerie, chevalier de Saint-Louis, marié, en 1764, à Elisabeth Besse du Mas ; son fils, J.-B.-Gilbert, né en 1766, à Lavaud-Blanche, est mort dans ce château, en 1854, lieutenant-colonel, chevalier de Saint-Louis et de la Légion d'honneur ; il épousa, en 1813, Eugénie Bittard du Cluzeau, dont cinq enfants parmi lesquels trois filles célibataires, un fils, Edouard, célibataire, et Charles, décédé, marié, en 1873, à Mlle de Saint-Quentin, dont une fille. Le château de Pierrebrune appartient à la famille Baron depuis plus de cent ans. Celle-ci est de très ancienne bourgeoisie. Le château actuel est entouré de deux étangs ; les caves voûtées sont soutenues par des piliers et superbes. La famille noble Pasquanet de Lavaud est connue à Auzances, depuis 1444. Elle porte pour armes : *d'or au lion grimpant de sable, lampassé, armé, couronné de gueules, accompagné, en chef, à dextre, d'une étoile d'azur et, en pointe, d'un croissant de gueules* (voir la généalogie de cette famille dans l'*Histoire de la maison de Bosredon*, par A. Tardieu, 1863, p. 268). En 1673, Alexandre de Choiseuil, comte du Plessis-Praslin, était seigneur en partie d'Espinasse et Pierrebrune, premier gentilhomme du duc d'Orléans. — En juin 1440, pendant la Praguerie, le roi Charles VII, qui venait d'Auzances et allait à Montaigut-en-Combrailles, passa à Pierrebrune (voir page 29). — Le château de Pierrebrune, rebâti à la moderne, est la propriété actuelle de M Revon fils, descendant maternel de Blaise Baron, notaire à Espinasse, en 1757-1776, et d'autre, Blaise, fils de ce dernier, notaire à Etubeix,

PASQUANET DE PIERREBRUNE

reçu en 1770. C'est en effet de cette famille honorable que descend Mlle Eugénie Baron, épouse de M. Revon, propriétaire du château de la Vilatelle, sportman distingué (v. page 134).

Pracros, com. de Gouttières. Berceau de la famille *Pracros*, de vieille bourgeoisie (voir page 120).

ÉGLISE DE SAINT-JULIEN-LA-GENESTE

Puy Bernard, com. de Saint-Gervais. Propriété d'abord, aux Barthomivat, puis aux Vialette. Appartient à Madame Parrin, née Cromarias et à M. Emmanuel Maugue, époux de Mlle Parrin.

Roziers, com. de Charensat. *Rouziers* (1496); *Rosiers*. Château et fief. Il y avait un château à tourelle encorbellée. M. Clermont en fut, vers 1840, le dernier propriétaire. Un paysan s'est construit une maison avec les dernières pierres. Il reste de ce château une petite tourelle et un corridor, de plusieurs mètres, conduisant à une vaste cuisine (servant actuellement). — *Seigneurs*. Jean de Roziers, seigneur de Roziers, laissa 3 fils: 1° Antonia, qui suit; 2° Jeanne; 3° Annette. Antonia de Roziers, dame de Roziers, épousa, le 6 février 1496, Bertrand de Montrognon, dit de Salvert, écuyer, seigneur de Seignolle, paroisse de Charensat. Cette famille de Montrognon, de race chevaleresque, remonte au XIIe siècle et tire son nom du lieu de Montrognon, près de Clermont, qu'un de ses membres vendit à un Dauphin d'Auvergne, à la fin du XIIe siècle, et celui-ci y fit bâtir une forteresse, dont on voit de majestueuses ruines. Les armes des de Montrognon sont: *d'azur, à la croix ancrée d'argent*. Cette maison qui, au milieu du XIVe siècle, s'est alliée à l'héritière de la maison de Salvert, près d'Evaux, à la charge de prendre le nom de Salvert (ce que plusieurs descendants ont fait; les représentants actuels s'intitulent: *de Salvert de Montrognon*), forma un grand nombre de branches. Une seule existe encore, près de Châteaudun, celle des seigneurs de la Mothe d'Arson, qui, précisément, descend de Bertrand de Montrognon et d'Antonia de Roziers. Ledit Bertrand et Antonia de Roziers, laissèrent entr'autres enfants: 1° François, qui suit; 2° Pierre, seigneur de Valeron, la Chan-Brandon, Neuville, dont la dernière descendante d'une branche, Catherine-Claire de Salvert de Montrognon, née en 1741, épousa, en 1762, Marc-Antoine, marquis d'Ussel. D'une autre branche, descendait François-Marie-Henri, comte de Salvert de Montrognon, seigneur de Clavières, la Sépouse,

DE MONTROGNON

Rubeyreix, en 1750, père de 2 fils. François de Montrognon, seigneur de Roziers, marié, en 1527, à Catherine de la Rochebriant, fille de Pierre, seigneur de Confolent. 1° François, qui suit; 2° Nectaire, seigneur de Montiroy, ancêtre de Gilbert-Antoine de Salvert de Montrognon restant en 1703 à Lisseul, près de Menat. François de Montrognon de Salvert, seigneur de Roziers, le Ludeix, Vergheas (1563-1570), l'un des 100 gendarmes de la compagnie de chevau-légers du marquis de Verneuil (1563), épousa, en 1568, Hélène du Peyroux. Il eût, entr'autres enfants : 1° Jean, qui suit ; 2° Jean-Baptiste, demeurant, à Rochedagoux, marié, en 1609, à Marguerite de Reclain et ancêtre de Vincent, seigneur de Fouranges, demeurant en 1722, paroisse de Brou-Vernet, près de Gannat. Jean de Montrognon de Salvert, seigneur de Roziers, Vergheas, Villesoureix, testa en 1638; il épousa, en 1598, Anne de Chalus, fille d'Antoine, seigneur de Tauzelles, et laissa : Antoine, seigneur de Roziers, Vergheas, Villesoureix, maintenu dans sa noblesse à Moulins, marié, en 1669, à Gabrielle de Valon de Boucheron d'Ambrugeac, fille de Gilbert, seigneur du Cheix, et de Gilberte de Chalus de la Borde, dont Marie, dame de Roziers, Vergheas, Villesoureix, née le 3 mars 1673, mariée, en 1698, à François de Montaignac, chevalier. seigneur des Lignières, qui mourut vers 1715, laissant Gilbert-Claude, seigneur de Roziers, les Lignières, marié, en 1734, à Marie de Malras, dont Antoine, marquis des Lignières, seigneur de Roziers, marié, en 1756, à Antoinette de Lastic, dont Antoine-Etienne, marquis des Lignières, seigneur de Roziers, né en 1764, marié en 1784, à Aglaé Chapt de Rastignac; il mourut en 1824 au château de Saint-Sandoux. (Voyez le mot *Les Lignières*, pour plus de détails sur les de Montaignac des Lignières.)

Mazière, com. de Charensat. Un notaire habitait jadis ce hameau.

Saint-Julien-la-Geneste, chef-l. de commune. *Monasterium de Genesta* (1184). D'après Chabrol (*Coutume d'Auvergne*), le mot de Geneste viendrait de Genès dont il serait un diminutif pour rappeler que la fondation du prieuré de ce lieu avait été faite par le monastère de Saint-Genès-lès-Monges, (près d'Herment, Puy-de-Dôme) ; mais, d'après un mémoire, imprimé en 1754, ce serait parce qu'il y avait autour de ce lieu un grand nombre de guets. Nous pensons que Chabrol est dans le vrai. — *L'Église*. L'église actuelle a été bâtie, en 1859, sur l'emplacement de l'ancienne chapelle du couvent. Elle est romane, Clocher octogone (tour et flèche) assez élégant. La *cure* était à la nomination de l'abbesse de Saint-Genès-lès-Monges, avant 1789. — *Curés*. Rebours, 1644 ; Gabriel Conchonnet, 1656 ; Louis Martin, 1667 ; Gabriel Boudet, 1699 : Roudaire, 1740-1761 ; Annet Roudaire, qui fut janséniste, 1778 ; Roudaire, neveu du précédent, 1790; Sébastien Gouttières, né à Aigueperse, 1801-1821 ; Gabriel Malleret, 1821-1880 (s'occupa de la construction de l'église actuelle) ; B. C. Déat, 1880, à nos jours. — *Le prieuré*. Fondé, au XIIe siècle, par celui des bénédictines de Saint-Genès-les-Monges. Il existait déjà, en 1184, ainsi qu'on le voit dans une bulle de cette année qui le comprend parmi les monastères dépendant de la célèbre abbaye de la Chaize-Dieu. Saint-Genès-lès-Monges relevait, en effet directement du prieuré du Port-Dieu, en Limousin, et médiatement de la Chaize-Dieu. En 1667, l'évêque de Clermont voulut visiter ce monastère qui lui en refusa l'entrée. Il excommunia les religieuses, lesquelles se pourvurent au Grand Conseil et se firent absoudre par le Primat. Les minutes de Chamalet, notaire à Saint-Gervais, conservent un acte concernant cette affaire où figurent (1667) André Colomby, prieur du Port-Dieu ; Jean Feydit, supérieur de l'abbaye de la Chaize-Dieu ; Cirgues Chardonnet, curé de Saint-Cirgues ; Pierre Géraudias, curé de Biollet ; Gilbert Arnaud, curé de Saint-Priest. — *La prévôté*. De 1241 à 1271, à l'apanage d'Alphonse, comte de Poitiers, Gouttières fut le chef-lieu d'une prévoté de la terre d'Auvergne. A la tête, était un bailli, qui achetait sa charge. — En 1767, le prieuré de Saint-Julien-la-Geneste fut uni à l'abbaye de Sainte-Claire de Clermont-Ferrand. Ce ne fut pas sans difficultés, l'abbesse de Saint-Genès-lès-Monges s'y étant d'abord opposée comme prétendant qu'il relevait de son abbaye et n'y ayant consenti qu'après une transaction ; ce qui avait donné lieu, préalablement, à la publication d'un mémoire in-folio de 22 pages dû à l'initiative de l'évêque de Clermont et imprimé à Clermont-Ferrand, en 1754, chez P. Boutaudon. L'évêque cherchait à prouver que ce monastère était indépendant de celui de Saint-Genès-lès-Monges et n'avait pas été fondé par lui, ce qui nous paraît inexact. Au moment de sa suppression (1767), ce monastére renfermait encore huit religieuses de chœur et une sœur converse. La prieure était nommée par les religieuses ; mais, en 1656, l'abbé de la Chaise-Dieu prétendit avoir des droits de nomination au prieuré et choisit Françoise Le Loup pour prieure, ce qui donna lieu à un procès terminé seulement en 1662. Il ne reste aucune trace du couvent L'emplacement est ensemencé et les maisons seules des métayers servent d'habitation à quelques familles. On voit, à Saint-Julien, une croix de pierre, du 18e siècle, portant un soleil, un serpent, un âne, le marteau et les tenailles de la passion. Cette croix est, sur la place, à côté de l'église. A une centaine de mètres, se trouve une petite fontaine avec statue de Saint-Blaise et ancienne. Chaque année, le jour de la fête du Saint, martyr et médecin, il y a grand concours de fidèles, qui viennent prendre l'eau bénite à la fontaine, et l'on s'en sert lorsque les bestiaux sont malades. Tout près, on voit une antique cuve en pierre du pays. — *Liste des prieures.* (en 1700-1710, elles prennent le titre d'*abbesse*) : Pétronille de Gilbertès qui, en 1483, permuta avec Antoinette de Ligonnes, prieure de Laveine ; Marie de Sarrazin, 1490 ; Elisabeth-Claude de Neuville, 1591 ; Gilberte Dubois, 1607 ; Hélène de la Roche-Aymon, 1638, morte le 16 décembre 1643 ; Françoise de

Chambon, 1656-1658; Elisabeth de Lestrange, 1658-1678; Antoinette-Elisabeth de Lestrange de Magnac, 1678-1680; Marie-Thérèse de Lestrange de Magnac, 1699-1710 (s'intitule abbesse); Marie-Anne de Lestrange de Magnac, 1723-1749; Anne de Sarrazin de Saint-Déonis, 1788. La tradition rapporte qu'à la Révolution et, après leur dispersion, quelques religieuses, réduites à la misère, se cachaient dans les maisons de Saint-Julien et demandaient le pain de l'aumône. On a aussi conservé le souvenir du bien qu'elles faisaient pendant leur prospérité. — *Seigneurs.* Outre la prieure, il y avait un seigneur laïc dans ce lieu. Jean-Jacques de Mascon de Neuville, chevalier, fils de Gilbert, chevalier, était coseigneur de Saint-Julien, en 1669-1688. Son fils Gabriel possédait ce fief, en 1716-1725 (*Noms féodaux*, par dom Bettencourt). Joseph-Marien du Mayet de la Vilatelle, était aussi coseigneur de ce lieu, en 1711. — *Maires.* Jean Cromarias, 1793-1795; François Suchaud, 1795-1797; Blaise Cromarias, 1797-1808; Marien Baron, 1808-1812; Baudet, adjoint, faisant les fonctions de maire, 1812-1817; François Suchaud, 1817-1831; Gilbert Payrard, 1831-1832; Martin Chomette, 1832-1835; Gilbert Payrard, 1835-1839; Annet Sabouret, 1839-1844; François Batisse, 1844-1876; Antoine Madebène, 1876-1884; Jean Bouchardon, 1884, à nos jours. — Jadis, l'immense forêt de 5 à 600 hectares était possédée, vers 1810, par les familles Létang, Pyrent de la Prade, et Chagot, bienfaiteurs du pays. La famille Pyrent de la Prade, qui compte des échevins, à Clermont, avant 1789, est très honorablement représentée à Clermont par M. Pyrent de la Prade, comte romain, commandeur de Saint-Grégoire-le-Grand, chevalier de la Légion d'honneur, ancien conseiller général, etc. — *Anciennes familles.* XVIIIe siécle. Laussedat (de Laussedat); Batisse; Cromarias; Aymard;

DE MASÇON

Gidel; Gouttelard; Payrard; Mazuel; Chomette; Martin; Madebène (voir à la page 113); Bouchardon; Guillot; Pinguet; Suchaud; Pannetier; Boudet; Alligier; Sabouret; Jasse; Poumerol; Champomier; Blanchonnet; Baron; Conchon; Barsse; Rogane; Dupoux; Combemorel; Defarges; Guillot; Rebours; Mangerel; Daniel.

Saint-Priest-des-Champs, chef-l. de commune. *Sanctus Præjectus* (1263). Ce lieu rappelle Saint-Priest (*Sanctus Præjectus*), évêque de Clermont, mort vers 674, prélat vénérable qui a fait d'importantes fondations charitables dans son diocèse et dont le vocable fut donné à l'église de ce bourg, à l'origine. — *L'Eglise*. Edifice du XIe siècle, avec modifications aux XVe et XVIIe. Le patron de la paroisse est saint Jean-Baptiste. Cloche de 1669. Il y avait une communauté de prêtres avant 1789. En 1651, elle comprenait le curé plus cinq prêtres. La *cure* était à la nomination de l'abbaye des bénédictins de Menat, avant 1789. Curés « noble et vénérable personne » Antoine de Chirol, 1531; Barsse, 1665; Gilbert Arnaud, 1667; Géraud, 1718; Massis, 1719-1727; Chomette, 1732-1733; Phelut, 1733-1737 (devint curé de Comps); Chartron, 1735-1737; Dequeireaux, 1737-1755; Lasteyras, vicaire, 1737 à 1739 (il y a eu des vicaires qui ont administré la paroisse); Brunel, vicaire, 1739; Pierre Chevalier, vicaire, 1739-1740; Fayet, vicaire, 1740-1741; Pradel, vicaire, 1741-1742; Chadeyron, 1742 à 1745; Mathieu, vicaire, 1748; Cornudet, vicaire, 1750-1758; Favier, curé, 1755-1773; Parrin, vicaire, 1758-1759; Galuaine, vicaire, 1759-1760; de Laroche, vicaire, 1761-1762; Jean Roudier, 1763; Chanut, vicaire, 1763-1766; Desmaraux, vicaire, 1766-1767; Roudaire, vicaire, 1767; Beaudevèze, 1767-1769; Geneix, 1770-1772; Chabrol, vicaire, 1770; Laporte, vicaire, 1773-1775; Dufal, vicaire, 1773; de Tournemire, curé, 1774-1791 (vicaires de 1774 à 1789 : Hayraud, Virevaud, Boyer, Laurençon, Gilbert, Bazin, Croizet),

Geraud, curé, 1791 ; Joseph Verniol, prêtre intrus, 1797-1799 ; de Tournemine, 1800-1807 : Veysset, 1807-1849 ; Ussel, 1849-1857 ; Chevalier, 1857-1878 ; Plazenet, 1878-1883 ; Faure, 1883 à ce jour. M. l'abbé Desnier, actuellement vicaire à Saint-Priest, a droit à notre reconnaissance pour les notes qu'il nous a adressées. C'est un prêtre distingué et instruit que nous remercions vivement, ici.— *Le prieuré*. Il dépendait de l'abbaye des bénédictins de Menat, qui l'avait fondé. Simon de Beaulieu, archevêque de Bourges, le visita en 1287, dans sa tournée pastorale. Ce prieuré fit enregistrer ses armes à l'*Armorial général* : *d'azur, au bâton prieural d'or, accôsté des lettres S et P de même*. Prieurs : de Salvert de Montrognon, 1651 ; Claude de Vernet, 1651-1656. — *Seigneurs* : Pierre de Saint-Priest, chevalier, rendit foi-hommage, en 1260, au prince Alphonse, pour ce qu'il avait dans le lieu de Saint-Priest et la paroisse de Gouttières (v. *Spicilegium Brivatense*, p. 70). Autre Pierre de Saint-Priest vivait en 1311. Guillaume de Perol, sergent d'armes, rendit foi-hommage au même, en 1260, pour ce qu'il avait à Saint-Priest et ses droits sur le moulin que possédait Pierre Borel dans cette paroisse (*Spicilegium Brivatense*). Raimond de Miremont, chevalier, seigneur de la Rochette, avait des droits féodaux dans le territoire de Saint-Priest (*Spicilegium Brivatense*, p. 69). Gabriel de Combes, écuyer, était vicomte de Miremont, seigneur de Saint-Priest, en 1654. Il épousa Suzanne de Murat. Gabriel de Servières, écuyer, se qualifie seigneur de Saint-Priest-des-Champs, en 1760. En 1789, son descendant, M. de Servières, possédait, à Saint-Priest, le château dit de la Mothe, orné de deux tours, château démoli il y a cinquante ans. Michel Maignol, bailli de Rochedagoux, de la vieille

LE PRIEURÉ DE St-PRIEST-DES-CHAMPS

famille bourgeoise de ce nom, aux environs de Pontaumur, et qui porte pour armes : *d'azur au chevron d'or, accompagné de 2 étoiles et en pointe d'un croissant d'argent* possédait des cens, rentes et une directe paroisse de Saint-Priest, en 1724 (*Noms féodaux*). Trois mas de la paroisse de Saint-Priest : ceux de la Molette, de la Vedrine et de la

ÉGLISE DE SAINT-PRIEST-DES CHAMPS

Rochette, qui ont disparu, furent vendus, en 1340, par Guillaume de Beaufort, damoiseau, seigneur de Beauvoir, et par Jean de Beauvoir, fils naturel dudit Guillaume, à Guillaume de Durat, chevalier, seigneur du lieu de Durat. L'acquéreur s'engageait à procurer, à Jean de Beauvoir, sa vie et nourriture dans l'abbaye de Bellaigue. — *Le baillage.* Ont été baillis : Grandsaigne, 1654; Deval de Giraudet, bailli de Miremont et de Saint-Priest, 1702; Jean Gory, lieutenant auxdits baillages, 1650; François Boutarel, bailli de Saint-Priest, 1737; Charles Mazeron, notaire royal autre bailli, 1768. — Terrible incendie à Saint-Priest, en 1870 (novembre), par un temps affreux. Il détruisit la partie ouest du bourg. — *Maires.* Gervais Mazeron du Bladeix, 1799-1815; Gilbert de Servières, 1815-1821; Gervais Mazeron du Bladeix, 1821-1830; Tixier, 1830-1835; J.-B Baisle, 1835-1850; Eugène Gory, 1850-1860; Michel Tixier, 1860-1865; Eugène Gory, 1865-1871; Emile Baisle, 1871-1881; Arthême Gory, 1881-1888; Jean Petit, 1888 à nos jours. — *Notaires.* Grandsaigne, 1611; Amable-Grégoire Pailloux, 1723-1731; François Perol, 1741-1776; Joseph Verniol, 1777-1802; Giron, 1750-1768; Joseph Verniol, 1777; Pierre Baisle, 1802-1830; Joseph Baisle, 1830-1850; Emile Baisle, dès l'an 1850; Charles Baisle, actuellement; Charles Mazeron, 1760-1790; Gervais Mazeron du Bladeix, reçu en 1785. — *Anciennes familles*, XVIIe et XVIIIe siècles. Gory, Tixier, Mazeron du Bladeix, Baisle, Abavid, Cromarias, Moussy, Jouhet, Aubignat, Gransaigne, Petit, Perol, Teytard, Giraud, Maignol, Dubreuil, Martin, Rougheol, Giry, Pailloux, Bourduge, Sagouin Laussedat, Rance, Barsse, Barje, Phelut, Goursonnet, Fournon, Gillet, Marcheix, Chanut, Boudol, Bastère, Cluzel, Chirol, Cibel, Rougier, Demoulin, Dubosclard, Dumazet, Coulaudon, Verneret, Chevalier, Lourt, Beraud, Tardif, Barghon, Chaffraix, Grange, Denis, Panoullère, Favier, Carton, Faure. *Famille Gory.* Très ancienne bourgeoisie. Philibert Gory, époux d'Anne Barthomivat, 1659. Jean Gory, seigneur du Mas, procureur fiscal, bourgeois de Miremont, fils de Jean, fut marié, en 1684, à Catherine de Bosredont, fille de Joseph, écuyer, seigneur de Baubière et de Françoise de la Rochette, son descendant, Jean Gory épousa une de Jabin, fille du baron de Gouzon. Leur fils Jean laissa Amable, marié, le 4 février 1766, à Marguerite Vialette, dont Jean-Baptiste, né le 2 avril 1769, marié à Mlle Tixier; Mme veuve Madebène, née Martin, résidant à Saint-Gervais, est la seule descendante de ces deux deux derniers. Autres descendants de cette famille : Jean Gory, qui fut décoré de la Légion d'honneur, au siège de Constantine (1837); un docteur-médecin, mort à Saint-Priest-des-Champs; il donna des preuves de dévouement à Marseille pendant une grande peste. Cette branche est représentée par un seul descendant, Michel Gory, sans enfants (résidant à Saint-Priest). Des branches collatérales existent à Saint-Gervais et à Espinasse. Elles ont, de nos jours, deux capitaines en activité de service (Francisque Gory, chevalier de la Légion d'honneur (voir page 134), et Eugène Gory, capitaine d'artillerie (voir page 136), tous deux engagés volontaires). Les armoiries des Gory sont : *d'azur, à trois étoiles d'or*. (Voir *Histoire de la Maison de Bosredon*, par A. Tardieu). *Autre branche.* Eugène Gory, propriétaire à la Croizette, épousa Suzanne Vignaud, (celle-ci fille d'une de Jarrier des Roches, antique et noble maison). Il a eu : 1° Clotilde, mariée à Francisque Baron, dont Mme Revon; 2° Arthème, né en 1843, époux d'Elise Maillard; 3° Laure, femme de M. Bartin, d'Issoire; 4° Nathalie, épouse de M. Charvilhat, ancien notaire à Bromont-Lamothe. *Tixier.* Branche aînée. Michel Tixier épousa Marie Rougheol. Il eut : *A* Tixier, époux de Pauline Moussy, qui eut Adeline, épouse de M. Pradelle; *B.* Léon Tixier-Brassier, greffier à Riom; *C.* Clémence, époux de M. Geoffroy de Montreuil, docteur-médecin etc.; 2° Michel, célibataire, décédé; 3° Jean Tixier-Beaulieu, avoué, père de Suzanne, mariée à M. Pourthier, juge de paix; 4° Anne, femme de M. Plane, docteur-médecin; 5° Marie, femme de M. Simonnet, d'Eygurande, dont une fille, Laurence, veuve de M. Perron, dont une fille, Marguerite, décédée; 6° Justine, mariée à M. Redhon, de Giat, dont un fils, époux de Mlle L'Ebraly de Bosredon. *Branche cadette.*

GORY

Michel Tixier épousa Françoise Rougheol, sœur de la précédente, dont : 1° Michel, marié à Anne Dumazet, dont descendent : M. Tixier, sous-officier ; un frère négociant ; et Cromarias-Tixier ; 2° Michel, époux de Jeanne Chaffraix, qui eut A. Michel et son frère. Félix, maître de poste à Saint-Gervais-d'Auvergne ; ces deux derniers ont eu des enfants. *Famille Moussy*, alliée à celle des Tixier (de Saint-Priest). Michel Moussy, mort conseiller de préfecture, était le frère d'Alphonse Moussy, mort greffier du Tribunal de commerce de Clermont-Ferrand. Leur sœur, Pauline, épousa Michel Tixier. Tous trois fils de M. Moussy, marié, à Saint-Priest, à Jeanne Abavid. Cette famille Moussy vient de Montaigut-en-Combrailles. *Famille Grobost-Abavid*. Bourgeoisie ancienne, alliée à la famille Tixier-Moussy. Leur unique descendante, Louise Bougerol (des Cros). *Famille Baisle*. Joseph-Jean-Baptiste Baisle, notaire à Saint-Priest, épousa Catherine-Gilberte Vialette, dont : 1° Emile, notaire à Saint-Priest, célibataire; 2° Joseph, marié à Irène de Pierreux, dont Charles, docteur-médecin, mort en mars 1890; 3° Lucile, marié, en 1855, à Eugène Sappine des Raynauds, dont, Félicie, épouse Daniel, dont Germain et Thérèse, et Madame Chaduc, dont Jeanne. 4° J.-B. époux, en 1857, de Mélanie Martin, dont Joséphine, épouse, en 1857, d'Eugène Roy, dont Emmanuel et Ferdinand, époux de Blanche Richard, dont Renée; 5° Félicie, célibataire ; 6° Alfred, docteur-médecin, marié à Elisa Juilhard, des Barses; ils ont 3 fils : A. Marguerite, mariée, en 1888, à M. Elie Rousset, notaire à Saint-Gervais ; B. Marie ; C. Emilie, mariée, en 1891, à M. Martin, notaire à Charensat ; 7° Charles, marié à Berthe Puchard, dont Louis et Nelly. — Famille *Deval* ou *de Val*. Barons de Saunade, seigneurs de Guymont, des Vialles, etc., (aux environs de Pontaumur). Cette famille a formé diverses branches. Elle compte 2 procureurs généraux en l'élection de Riom, sous Louis XIV et Louis XV. Elle acheta, en 1729, la baronnie de Saunade, à la famille de Montboissier-Canillac. 4 Deval de Saunade furent tués, en 1745, à la bataille de Fontenoy où ils servaient dans les gendarmes de la maison du roi. Jean de Val, baron de Saunade, qui s'était marié, en 1793, à Antoinette Forissier de Longueville, a écrit des manuscrits sur l'Auvergne, notamment, un Dictionnaire des fiefs, déposé à la Bibliothèque de Clermont-Ferrand. Il laissa une fille unique Hélène, mariée dans le Boulonnais ; son père, Michel, baron de Saunade, marié, en 1755, à Jeanne de Névrezé, avait un frère, Pierre, seigneur des Vialles, notaire royal à Pontaumur, marié, en 1756, à Jeanne Gaillard (de Riom), dont 4 garçons ; 1° Jean, né à Pontaumur, en 1756, mort à Riom en 1833, président de la cour de cette ville, anobli et fait chevalier de l'empire par Napoléon I, le 30 septembre 1811, ancêtre de M. Fernand de Val, marié à Paris, où il est mort il y a quelques années ; 2° Jean, né à Pontaumur, célèbre docteur-médecin à Riom, inspecteur des eaux minérales de Châtelguyon, mort à Riom, en 1857 ; il fut correspondant de l'Académie de médecine, officier de la Légion d'honneur, épousa Mlle Martin (de Randan) et laissa : A. Elisa, mariée, en 1828, à Michel Robert, avoué, puis juge à Riom, dont : Jean-Auguste Robert, ancien conseiller général, etc. (voir pages 137 et 138). B. Sophie, mariée à Louis Rouher, avocat à Riom, dont Gustave, ancien maître des requêtes au Conseil d'Etat ; 3° N., mort curé de Pontaumur ; 4° Deval-Fressange, père d'une fille mariée à M. Lizet, docteur-médecin à Clermont, dont Amélie, épouse de M. Féron, vice-président du tribunal civil de Clermont. Mais ce sont, surtout, les Deval de Girodet qui nous intéressent. En effet, ce fief de Girodet était situé aux portes de Saint-Priest-des-Champs. Déjà, en 1702, Jean Deval, seigneur de Girodet, était bailli de Saint-Priest-des-Champs : ce fut le père de Michel, baron de Saunade ; de Pierre, seigneur des

DEVAL

Vialles, qui précède et, enfin, de Michel Deval de Girodet, marié, 1° à X., 2° à Mlle Duchasseint (de la Creuse); 3° à Miette Deval de Saunade, sa nièce; du 2e lit, A. Adelaïde, mariée à Pierre Nony, de Saint-Gervais; B. Miette, mariée, en 1828, à Michel Robert, avoué, puis juge à Riom; C. Jean, marié à Sophie Mandet, dont Joséphine, épouse de M. Picot, conservateur des hypothèques; D. Julie, mariée à Annet Breschard, dont postérité; du 3e lit Adeline, épouse de M Habrial, notaire au Montel-de-Gelat. Les Deval sont alliées aux Peyronnet (d'Herment), en 1699; Chefdeville (1710); Paty (de Pontgibaud); Taravant, etc. Armes: *d'azur, au cerf d'or, sur une terrasse de sinople, passant devant un arbre de même; au chef d'argent, chargé de 3 roses de gueules* Devise: *Vis virtute fit virtute.* — *Famille Cromarias.* Très ancienne et bien estimable famille, qui a fourni des prêtres (voir Ayat), un officier (voir Légion d'honneur), un conseiller général (voir conseillers généraux). A cette famille : l'abbé Cromarias, né au Vernadel, curé d'Ayat, en 1768, lorsqu'il baptisa l'illustre général Désaix (voir page 140); il céda la cure d'Ayat, en 1782, à l'abbé Annet-Marieu Cromarias, son neveu ; celui-ci était frère de Jean Cromarias, docteur en théologie curé de Saint-Gal (1783). Jean Cromarias, neveu des 2 précédents, né en 1761, soutint, en 1787, des thèses philosophiques savantes à la faculté de théologie de Bourges ; il devint curé de Montcel (1789); mort desservant de cette paroisse, en 1842. François Cromarias, curé de Montcel, frère du précédent (fils d'Annet et de Marie Bathiat), né en 1778, au Vernadel, docteur en médecine ; il devint

LE DOCTEUR JEAN DEVAL
(mort en 1857)

chirurgien-major du 2e régiment d'artillerie (voyez page 133). Il avait fait la campagne d'Egypte avec l'illustre Désaix, son ami d'enfance, et la mort de ce dernier (en 1800) le laissa inconsolable. Ce fut lui, avec son parent par alliance, le docteur Martin, qui eut, le premier, l'idée de faire revivre la mémoire de Desaix, à Ayat. Blessé à Wagram, il affronta la mort à Waterloo, à la suite de l'artillerie de la garde impériale. Il mourut en 1851. Jean-Baptiste Cromarias, fils de Jean et de Marie Moureuille, né en 1815, prêtre, curé de la Chapelle-Hugon (Cher), mort à Montcel, en 1872, neveu du précédent. Représentants actuels : 1° l'abbé G. Cromarias, né à la Sauvolle, près Saint-Priest, le 1er juillet 1834, homme instruit, modeste, estimé et aimé, curé à Saint-Pierre-le-Chastel ; Justine Cromarias, fille de Jean et de Marie Gory, veuve Corre, propriétaire au Vernadel ; 3° Jacques Cromarias, fils de Marien, restant à la Brousse, près Biollet ; 4° Michelle Cromarias, sœur du curé de la Chapelle-Hugon (qui précède), résidant à Montcel.

Sainte-Christine, chef-l. de commune. *L'Église*. Elle date du XIe siècle. C'est un petit édifice en style roman. Elle a été agrandie en 1848. M. l'abbé Delaroche, curé, fit faire le clocher. Peintures du chœur éxécutées en 1885. — La cure était à la nomination de l'archiprêtre de Menat avant 1789. Le patron de la paroisse était Sainte-Christine. — *Curés*. François Ligier, 1650 ; Grégoire Chardonnet, 1680 ; François Beneyton, 1718 ; Jacques Barlon, 1723 ; Charles Maigne, 1725 ; Soulier ; Pierre Astaix, 1768 ; Chaud, 1792 ; Ceytre, 1804 ; François Ceytre, 1835 ; Baisle, 1839 ; Delaroche, 1848 ; Grand, 1855 ; Barbecot ; Prulière ; Brun, 1882 ; Joseph Chardonnet (actuellement). — *Seigneurs*. J. Aratz, sergent d'armes, rendit foi-hommage au prince Alphonse, vers 1260, pour le baillage et une maison noble qu'il avait à Sainte-Christine (*Spicilegium Brivatense*). Jacques de Bremont ou de Bromont était seigneur de Sainte-Christine en 1523. Charles de Chauvigny de Blot, était baron du Vivier, seigneur de Sainte-Christine, en 1669-1689, et rendit foi-hommage au roi pour cette terre (*Noms Féodaux*, par Dom Bettencourt). Il avait épousé, en 1678, Marie de Chauvigny de Blot, sa cousine, fille de César, baron de Blot-l'Eglise. Cette illustre et antique maison de chevalerie de Chauvigny de Blot, qui est connue dès 1080, et qui, dès le XIIIe, par l'alliance avec Catherine de Blot, a possédé jusqu'en 1789, la forteresse de Blot, près de Menat, dont il reste de belles ruines, a formé diverses branches, notamment celle des comtes du Vivier, des seigneurs des Salles, de Saint-Agoulin, etc. Elle a contracté des alliances avec la plus haute noblesse d'Auvergne et s'est éteinte complètement au XIXe siècle. La filiation des de Chauvigny remonte à 1221, à Bertrand de Chauvigny, chevalier. Nous avons publié sa généalogie dans l'*Histoire généalogique de la maison de Bosredon* (in-4°, 1863, p. 258-260). Les armoiries sont : *Ecartelé aux 1 et 4 de sable, au lion d'or grimpant ; aux* 2 *et* 3 *d'or, à* 3 *bandes de gueules ; sur le bout, d'argent, à* 5 *fasces fuselées de gueules.* Amable du Fraisse, secrétaire du roi, maison couronne de France, seigneur du Cheix, Sainte-Christine, conseiller au présidial de Riom, épousa Jacqueline Soubrany, veuve de lui en 1723 (*Noms féodaux*, par de Bettencourt). Il eut Amable, chevalier, seigneur du Cheix, Sainte-Christine, Palluel, lieutenant général de la sénéchaussée d'Auvergne, à Riom (1783). La famille du Fraisse, d'origine bourgeoise, au Crest (Puy-de-Dôme), en 1590, fut agrégée, plus tard, à la

DE CHAUVIGNY DE BLOT

DU FRAISSE

noblesse d'Auvergne. Elle s'est éteinte, au XIXe siècle, dans la personne de M. du Fraisse de Vernines, qui résidait au château de la Roche, près d'Aigueperse (Puy-de-Dôme). Armes : *d'argent, au frêne de sinople ; au chef d'azur, chargé de 3 étoiles d'or.* – W. de Gulgut, sergent d'armes, possédait une

RUINES DU CHATEAU DE BLOT

(Dit Château-Rocher, près de Menat[1], appartenait aux de Chauvigny de Blot.

seigneurie dans la paroisse de Sainte-Christine, en 1260 (v. *Spicilegium Brivatense*, p 63). Etienne Golfier (*Golferius*), chevalier, possédait également des droits féodaux dans cette paroisse, en 1260 (*Spicilegium Brivatense*, voir page 65). Il y avait un ancien château, qui a été démoli et remplacé par une maison ordinaire; ce fut un marchand de biens, un sieur Rougeol, qui vendit l'emplacement, en 1826. — *Maires*. Combaud, 1804; Message, 1848; Paul Thomas, 1854; Jean Thomas, 1865: Chomard (des Sandes), 1865-1889; Perol (actuellement). — *Anciennes familles*, XVIIIe siècle: Combaud; Message; Roche; Garde; Perol (voir page 120, pour les Perol); Thomas; Boutet; Guyot; Sauret; Chomard; Basset; Daffix; Meunier; Bourdier; Chatard; Rousset; Beneyton; Chevalier; Combe; Vivier; Desmoulin; Barbet; Chaput-Dequaire; Batisse; Beraud; Morel; de Montaligère; Soulier; Huguet; Thévenet; Gauvin; Voissier. — *Digne de mémoire*: *Dequaire* (*Jean*), né à Saint-Gervais, en 1826; (son père était de Sainte-Christine), Il fut professeur au collège libre de Riom (1842), puis bibliothécaire de Monseigneur le duc d'Aumale (1847). Ce furent le docteur Martin et M. le curé Romane, qui, remarquant l'intelligence du jeune Dequaire, le lancèrent dans le domaine des lettres. — Jean Colombier, notaire à Sainte-Christine, 1698.

Sauret-Besserve, chef-l. de commune; créé vers 1845 où les deux villages de Besserve et Chambonnet qui, jusque là, avaient été, depuis 1790, chef-lieux de commune, furent compris dans ses dépendances; car *Sauret*, village qui reçut le nom de Sauret-Besserve, était plus central. — *L'Eglise*. Ce fut à la suite des instances réitérées de M. Honoré Roux, conseiller général du canton de Saint-Gervais, que l'église de Sauret-Besserve, commencée en 1868, fut terminée en 1871. Le gouvernement, très obéré, par suite du traité de Francfort, accorda, quand même, des subsides. Cette église, bâtie en granit du pays, n'offre rien de remarquable. — *Curés*. Baget 1er curé, arriva vers la fin de 1872-1885; Barbecot, 1885-septembre 1890; Marius Viple, septembre 1890 à nos jours. — *Maires*: Payrard, 1851; Massin, 1878; Raynaud père, 1884; Raynaud fils. — *Anciennes familles*: XVIIIe siècle; Sauret,

Deteix, Garachon, Chaffraix, Martin, Masson, Bellezit, Peyrard, Moulier, Lécuyer, Nenot, Mingot, Charvilhat, Nony, Renard, Pracros, Laguet, Favier, Raynaud (ancienne famille originaire de Theillet). Sauret est le berceau d'une famille de ce nom, qui compte une foule de branches.

Seignolles (paroisse de Charensat). Bertrand de Montrognon, seigneur de Roziers et de Seignolles, vivait en 1496.

Sourdelier (com. de Biollet). Là, existait une famille *de Sordeliex*, ou *de Sourdelieux*, jadis notable, mais éteinte.

Termes, com. de Biollet. Le nom de ce lieu indiquerait les *confins* ou termes (limites) de l'Auvergne et du Limousin, étant placé sur la voie romaine de Clermont à Evaux. On a cru qu'il rappelait la limite des gabelles; mais l'origine est presque sûrement romaine; les Romains appelaient *fines*, (*limites*, *termes*), tous les confins des divers peuples; c'est, ici, le cas. Il existe, à l'est de Termes, les vestiges d'un camp (forme de cirque ovale). — *Seigneurs*. Il y a eu une famille de Termes, jadis notable. W. Guillaume de Termes et G. son son frère, étaient seigneurs de Termes, vers 1260, lorsqu'ils rendirent la foi hommage au prince Alphonse, pour ce lieu. (v. *Spicilegium Brivatense*, p. 66). G., fils de Pierre de Termes, était alors (1260), seigneur en partie de Termes (*Spicilegium*, p. 67). On trouve (1260) G., fils d'Etienne de Termes, qui possédait le moulin Aussarant, paroisse de Saint-Gervais Etienne de Termes possédait le mas de la Cora et une seigneurie, paroisse de Bussières (*Spicilegium*, p. 62). Jean de Termes, sergent d'armes, vendit, en 1257, au chapitre d'Herment, une rente de 5 sous sur le mas de Soubre, paroisse de Condat, près de Pontaumur. Guillaume et Pierre de Termes, chanoines du chapitre d'Herment, fondèrent une vicairie dans l'église d'Herment et, étaient les neveux d'un

15

riche chanoine de ce lieu, Guillaume d'Hermenières, qui en fait mention dans son testament. de 1288. Pierre de Termes était prévôt du baillage de Rochedagoux, en 1298. On trouve, enfin, Pierre de Termes, curé du Puy-Saint-Gulmier, 1448-1468; Durand de Termes, curé de la même paroisse, 1461. Plus tard, Annet Le Loup, seigneur de Termes, le Cheix, eut Gabrielle, dame de Termes, mariée, en 1640, à Gilbert de Valon de Boucheron d'Ambrugeac. Les de V. de B. d'Ambrugeac, leurs descendants, ont été seigneurs de Termes, jusqu'en 1789 (voyez le mot Le Cheix, du *Dictionnaire*). — *Notaires*. Jacques Roudaire, bailli des Lignières, notaire à Termes, 1677-1705; François Perol, gendre du précédent, notaire à Termes, 1707-1747. — *Les foires*. Anciennement, les foires de Biollet se tenaient à Termes et furent transférées à Biollet, vers 1700. — Vers 1876, une vieille fille de Termes, Catherine Riboulet, dite Perretonne, prétendit avoir vu la Sainte-Vierge, en gardant ses bêtes aux Fossés (dont nous avons parlé page 15); il y eut, durant un mois, une foule de gens crédules. Le Clergé se comporta prudemment et sagement. Le tout finit par le ridicule, à défaut de preuves.

Vendoge, (com. de Saint-Gervais) Domaine qui appartient, depuis 1640, aux Vialette, puis aux Martin, et, actuellement, à Madame veuve Madebène, née Martin. Donc, depuis 252 ans, dans la famille. (voir pages 113 et 114).

CHATEAUNEUF

Pour terminer cet ouvrage, nous donnons une notice sur *Châteauneuf*, qui, avant 1789, faisait partie du comté de Saint-Gervais. ***La paroisse.*** Châteauneuf possède actuellement 2 paroisses : 1° celle de de Lachaux-lès-Bains ; 2° celle de Saint-Cirgues-sous-Châteauneuf. La paroisse de Lachaux remplace l'ancienne paroisse de Saint-Cirgues et a été érigée en 1863, Deux curés depuis : Jean Chardonnet, puis Jean Violle (en fonctions). Les Barthomivat étaient seigneurs de la Chaux, savoir : Antoine, en 1689; Blaise, son fils, en 1718 L'église primitive de Saint-Cirgues avait un curé, un vicaire et quatre communalistes. Placée sur un rocher, le presbytère fut abandonné, vers 1690, et les curés résidèrent dans une maison située sous la forteresse de Châteauneuf. La paroisse de Saint-Cirgues a pour patron saint Valentin Elle avait pour curé, en 1629, Jean Gaby ; en 1667, Cirgues Chardonnet ; en 1709, Guinot ; en 1711, François Beneyton, docteur en théologie, et, en 1769, Sébastien Pradelle ; en 1781, Bichard. Le curé de Saint-Cirgues, Jean Bernard, adressa (1690) à l'évêché de Clermont, une requête pour obtenir le transfert, dans l'église de Saint-Valentin, sous

Châteauneuf, ce qui fut fait; mais la vieille église de Saint-Cirgues fut conservée jusqu'à 1793. Vieille statue de la Vierge conservée dans la cure actuelle. Elle est curieuse. L'enfant Jésus caresse un oiseau que sa mère tient de la main droite. Couronne de l'enfant semblable à un béret. Couronne de la Vierge comme la couronne antique de nos rois. Chaussure de la Vierge pointue et ornée d'une rangée de boutons dorés. Le support de la statue porte l'inscription *Mater Dei*, en caractères du XIIIe siècle. On a enterré, dans l'ancien cimetière de Saint-Cirgues, près de la vieille église, jusqu'en 1820. *Les eaux minérales*; connues des Romains. Appartenaient, avant 1789, aux seigneurs de Saint-Gervais et dépendaient, depuis des siècles, du revenu du comté. Station thermale très appréciée de nos jours. Ces eaux conviennent pour la goutte, le rhumatisme, l'anémie (voir *Guide complet du Puy-de-Dôme*, par A. Tardieu). *Inspecteurs thermaux* : les docteurs Guillaume Colin, 1810; Salneuve, 1851; Penissat; Boudet (celui-ci est contemporain). M. Mossier, beau-frère de l'illustre docteur-médecin Bréchet (mort 1845), a été pharmacien à Châteauneuf longtemps. *Histoire*. Au Xe siècle, on bâtit, à Châteauneuf, une forteresse. Elle fut rebâtie, plus loin (vers 1200); de là, le nom de *Châteauneuf*, sur le monticule, où il en reste des débris, dernier manoir restauré habilement par le savant M. Eugène Tallon, ancien député, président de la cour de Lyon (✱) (voir page 135), qui y a installé un précieux musée archéologique. En 1390, le fameux routier Aymerigot Marchès, chercha à s'emparer de cette forteresse en y envoyant un espion. Le château de Châteauneuf, rebâtie au XIIIe siècle, devint (vers 1250) le siège d'une prévôté royale du baillage d'Auvergne. — *Les seigneurs*. Les familles de Châteauneuf (1233-1283), de Maumont (1299-1318);

ASTAIX

de la Roche, (1320-1350). Ensuite, Chateauneuf a eu les mêmes seigneurs que Saint-Gervais jusque vers 1780 (voir page 76). Le château passa vers 1781, à la famille Chevarrier. — *Le baillage*. Sardier, bailli, a publié: *Le style de procéder en tous les baillages*, Paris, 1651, in-8°, Une Sardier fut mariée,

CHATEAU DE CHATEAUNEUF
(à M. Eugène Tallon)

vers 1570, à Gilbert Astaix, notaire royal dans les baronnies de Chateauneuf, Blot, Cette famille Astaix, de très-ancienne bourgeoisie, compte plusieurs notaires à Chateauneuf, de 1567, à 1645. Elle a possédé le fief de Montiroir, près de Manzat.

Représentant actuel : M. Victor Astaix, avocat, ancien conseiller général, etc Armes: *d'or, au chevron de gueules, accompagné de 2 branches d'olivier de sinople, en chef et d'un fer de lance, de sable, en pointe* Devise: *Toujours hasté.* Bottes était notaire à Saint-Cirgues, en 1769. — *Anciennes familles.* XVIIe et XVIIIe siècles : Lacroix ; Deteix ; Garachon ; Sudre ; Dequaire ; Aubignat ; Nony ; Durel ; Dallant ; Enaud ; Chardonnet ; Lamanière ; Laroche ; Boyer ; Chaffraix ; Chatard ; Bromont ; Gauvin ; Pouget ; Renard ; Croizet ; Gidel ; Foussat ; Martin ; Gaby ; Simond ; Vallanchon ; Pinel ; Richard ; Cusy ; Moignoux ; Beneyton. Viple (notable famille, propriétaire de presque tous les établissements balnéaires de la station ; le docteur Jean Viple, est conseiller général de l'Allier).

ERRATA ET ADDITIONS

Page 3, l. 10, Stain, corrigez Saint — P. 6. l. 2, Biollet. cor. : St-Gervais. — P. 65, l. 19, avant Antoine Rochette, placez : Pierre du Pré, 1563. — P. 82, l. 3 en remontant, corrigez : *manuscrits*. — P. 93. l. 3 en remont. M. Et. Maison a été réélu maire, en 1892. — P. 95. l. 2 justices, corr : *justice*. — P. 96, l. 2, après Gervais Madebène mettez : 1843-1856 ; Henri Madebène, son neveu, licencié en droit, 1856-1885. — P. 97, l. 10 Gleuse, cor : *Glaise* ; même p. l. 12, Peleu, cor : Pezeu. — P. 99. l. 4, avant Grégoire, mettez Me Antoine Archimbauld, 1585 ; même p. l, 21 possède depuis longtemps, changez pour ceci : *a acquis vers* 1860. — P. 104. l. 7, Bessue. cor : *Besse*. — P. 106. l. 1, après peu après ajoutez : son mariage. — P. 107, l. 22 après Maurice ajoutez *Gilberton* — P. 112, l. 11, 1793, cor : 1843 ; même p. l. 3. en remont. 1891, cor. *contraction* — P. 113 l. 1 en remont. contracdiction, cor. *contradiction* — P. 116. l. 9 ajoutez après Cambodge : 30 Mme Drouarre, née Bignon ; même p. l. 9 en remont. ajoutez après Roanne : *actuellement maire de Roanne, conseiller d'arrondissement ; une autre fille* épouse de M. Lemercier de Maisoncelle, percepteur à Pontaumur — P. 118 l. 9 Démonteix, cor. *Desmonteix*. — P. 132 l. 6 après Saby mettez une virgule — P. 122, l. 9 figée, corr. *tigée*. — P. 124. l. 15 après Vialette ajoutez : fils d'Etienne et de Gabrielle Bichon. — P 125 l, 16 marié, cor. : *mariée* — P. 143, l. 7 Stenbe cor. : *Steuben* — P. 178. l. 16, au lieu de par corr. : *Un*. — P. 178, l. 4 en remont. après Charlotte ajoutez : *de Servières* — P. 179, l. 20 au lieu de resta cor : *passa également* ; même p. l. 21 possédé, cor. *possédée* — P. 185 l. 5 en remont. transféré cor. *transférée*. — P. 186, l. 14, Faure, cor.: *Laure* — P. 196, l. 2, Cheix, cor.: *Breux* — P. 193, l. 7, après 2°, ajoutez : en 1768 ; même p. l. 5, après 1758, ajoutez : *notaire à Saint-Priest* — P. 194, l. 1, Montgrenier, cor.: *Montgremier* — P. 197, à la note du bas, nous avons dit que les Delignières (de Saint-Gervais) avaient *dérogé*. Pour ceux qui ne connaissent pas la vraie signification du mot, disons que cela s'entend de *déroger à noblesse*, parce qu'ils avaient fait le commerce de détail ; et, au droit féodal, ils avaient perdu leur privilège d'être exonéré de la taille (impôt), etc.; mais cette branche a toujours été très honorable. — P. 208, l. 8, fils, cor.: filles — P. 289, l. 12, Reclain, cor.: Reclaine — P. 218, l. 20, Sappine, cor.: Sappin.

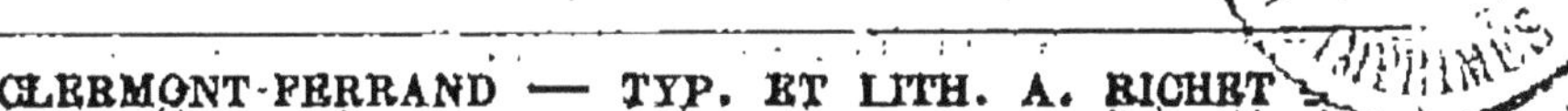

CLERMONT-FERRAND — TYP. ET LITH. A. RICHET

www.ingramcontent.com/pod-product-compliance
Ingram Content Group UK Ltd.
Pitfield, Milton Keynes, MK11 3LW, UK
UKHW020320230726
13925UKWH00002B/524